BIBLIOTHEK
DER INTRASONANZ

Band 3

In belastenden Situationen Teile des Selbst abzuspalten, ist eine natürliche Reaktion. Um diesen Verlust innerer Stabilität zu kompensieren, entstanden gesellschaftliche Systeme mit komplexen Beziehungsgeflechten zwischen Macht und Ohnmacht, Abhängigkeit und Unabhängigkeit, Ausbeutung und Überschüttung. Abspaltungen von Selbst können jedoch zurückgeholt und Geflechte so heilsam entwirrt werden. Das Buch zeigt, warum und wie das mit Creative Spiritual Care resp. Intrasonanz einfach gelingt. Als naturgesetzliches Phänomen ist Intrasonanz jenseits aller Religionen und Weltanschauungen verortet und interkulturell bzw. interkonfessionell sowie medizinisch-naturwissenschaftlich kompatibel.

Ulrike Streck-Plath ist Designerin, Künstlerin und Musikerin. Als freiberufliche Texterin schreibt sie vor allem für die Themenbereiche Gesundheit, Nachhaltigkeit und Digitalisierung. Themen ihrer künstlerischen Arbeiten sind Leid vs. Geborgenheit in der Menschheitsgeschichte und das Geburtsrecht aller Kreatur, heil und ganz zu sein. Die mit einem Theologen verheiratete Mutter fünf fast erwachsener Kinder lebt in der Nähe von Frankfurt am Main.

Ulrike Streck-Plath

Vergiss Narziss

Creative Spiritual Care
für heilsames Miteinander
in liebender Balance

BIBLIOTHEK DER INTRASONANZ

Mit 26 Abbildungen und zehn Zeichnungen.

Für meine Mutter.

Dieses Buch ist Teil des kollektiven (Lebens)Kunstprojekts thesoulsway des Schöpferwesens Mensch, in Verbindung mit dem Dahinter der Zeit.

Aus Gründen der Lesbarkeit werden im Buch generisches Feminin und Maskulin bzw. wo immer möglich genderneutrale Formulierungen verwendet. Gemeint sind jeweils alle Geschlechter.

Originalausgabe

ISBN 978-3-9825805-1-7

Umschlag, Layout und Satz: Sonja Langbein, Frankfurt
Fotos: Marzena Seidel, Fulda; Armin Habermann (Seite 146)
Zeichnungen, auch auf dem Umschlag:

Vertriebspartner: renidere-Verlag, Maintal
Gedruckt auf säurefreiem, alterungsbeständigem Naturpapier.
Printed in Germany.

Selbstverständlich zu tun, zu was dieses Buch anleitet, ist Geburtsrecht jedes Menschen.

Selbstverständliche Aufgabe von Eltern und anderen Bezugspersonen wäre es, Kindern diesen bewussten Umgang mit sich selbst, mit anderen, mit der gesamten Schöpfung beizubringen. Einfach so, im Sein und Haben, im Sagen und Tun.

Bis dies geschieht, wird noch eine Weile vergehen. Beginnen kann jeder Mensch jedoch zu jeder Zeit. Allein für sich, bis er verstanden hat. Dann auch mit anderen und für andere. Hierarchiefrei auf Augenhöhe, Grenzen achtend und zugleich verbindend.

Liebend, denn dafür sind wir hier.

Die in diesem Buch beschriebenen Herangehensweisen dienen der Anregung und Unterstützung von Selbstwirksamkeit und -kompetenz. Sie sind keine medizinischen oder psychologischen Therapien im herkömmlichen Sinne und ersetzen diese auch nicht.

Intrasonanz bietet vielmehr eine wirksame, dabei simple, verblüffende Möglichkeit für innere Arbeit, die mit beratender oder therapeutischer Begleitung, aber auch und vor allem eigenständig und dabei sicher als Lebenskunst durchgeführt werden kann.

Sekten und alle Organisationen, deren Ziel es ist, das Denken und Handeln von Menschen unter Kontrolle zu bringen, lehnt die Verfasserin ab. Zu keiner Zeit sind Techniken oder Methoden solcher Organisationen in dieses Werk eingeflossen.

Das in diesem Buch Dargelegte basiert auf jüdisch-christlichem Menschenbild und interkonfessioneller Mystik, der unantastbaren Menschenwürde und den fünf Thesen aus Apocaluther im Sinne einer säkular vernetzten Reformation 2.1.

Die Verfasserin achtet die vielfältigen Anschauungen der Welt, die sich in weiten Teilen mit Intrasonanz zusammendenken lassen. Die Anschlussfähigkeit in Richtung Medizin und Naturwissenschaften ist gegeben.

Inhalt

Mythomorphose 9

Begrüßung 11

I. Mythos 15
1. Narziss und Echo 15
2. Was daraus gemacht wurde 18
3. Was daraus werden kann 20

II. Mensch 23
1. Geburtsrecht Ganzheit 23
2. Erlebnis Abspaltung 28
3. Drama Kompensation 38

Zwischenruf **49**

III. Durcheinander **55**
1. Prolog 55
2. Allein 56
3. Zweisamkeit 58
4. Familie 60
5. Gesellschaft 62
6. Welt 64
7. Wer Veränderung wagen wird 66

IV. Creative Spiritual Care **69**
1. Definition 69
2. Wirkung 71
3. Vorbereitung 73

V. Gebrauchsanweisung **79**
1. Formulierungen 79
2. Ureigene Ausrichtung 83
3. Nurduselbstsein 90
4. Ohne Fragen arbeiten 93

5. Segnen 97
6. Mit Fragen arbeiten 100
7. Für andere arbeiten 120

Nachhall **125**

VI. Miteinander **127**
1. Partnerschaft 127
2. Familie 128
3. Allgemein 129

VII. Fortgeschrittenes **131**
1. Verantwortung 131
2. Messbarkeit 132
3. Demut 136

Verabschiedung 138

Hintergrund 142

Anhang
Glossar 148
Kommentierte Literaturhinweise 159
Hinweise für die Nutzung 165
Über die Autorin 167
Dank 168
Register 170

Mythomorphose

Ruhe, Wasser, Spiegel der Welt.
Ruhe, damit ich mich sehen kann
in meinem Schmerz.

Sie greifen nach mir, wollen mich besitzen,
unganz, wie sie sind, auch ich.
Wie ihnen entgegentreten?

Spüre ihr Verlangen, kenne meines.
Kenne die Gründe, spüre die Abgründe.
Nur Leid entsprudelte daraus.

Möchte ganz sein, in mir.

Nicht in ihnen oder mit ihnen durch sie,
sondern im Sein und Haben dessen,
woher ich bin und habe.

Wohin ging ich verloren,
warum muss ich so traurig sein?
In mir Nichtsein. So sterb ich denn,

sehnend nach dem, was zu mir gehört.
Benetzt mit Wasser kehre ich zurück,
Blume auf dem Feld, mich erinnernd.

Dich erinnernd.

Begrüßung

Willkommen am Wasser. Hier sitzt Narziss und überlegt.

Wie soll ich mit diesen Leuten umgehen, die mich wollen mit meiner vermeintlichen Schönheit? Was ist, wenn ich meine Schönheit durch ihre Wüstheit verliere? Was, wenn ich gar nicht schön bin – oder wenn ich vielleicht äußerlich tatsächlich das sein mag, was man „schön" nennt, aber innerlich eigentlich ein Wrack darstelle, gänzlich unliebenswert aufgrund meiner unsichtbaren Leere, meiner Schrecklichkeiten? Irgendwann werden sie es merken und mich verlassen, mich wegwerfen, wie sie es zu tun pflegen in ihren Liebesbeziehungen, sobald es schwierig wird. Lieber lehne ich sie ab.

Ich könnte so tun als ob. Sie blenden mit meiner angeblichen Wunderbarkeit, allzeit begehrenswert durch Reichtum, Macht und Einfluss. Oder mich aufopfern für sie, meine Unsicherheiten verbergend, damit die Geliebten bei mir bleiben. Doch all dies will ich nicht. Weil ich mich sehe und weiß und spüre, wie ich eigentlich gemeint bin, nämlich als ganzes Menschenkind, ohne diese Untiefen in mir selbst, sondern als lichtvolle Kreatur. Wasser, wie ruhig du bist. Scheint Licht auf, in dich, zeigst du mir bei Tag und Nacht mein Äußeres. Mein Inneres ist unsichtbar. Doch fühle ich die Leere.

Wie kann zurückkehren, was ureigentlich zu mir gehört und was ich so schmerzlich vermisse? Kommt doch zu mir, ihr verlorenen Teile meiner Seele!

Kommt Echo zu Narziss, ihn liebend. Ob sie sein Verlorenes sein könne? Hinfort, du bist es nicht, meint er zu erkennen.

Echo versteinert aus Kummer, Narziss vergeht aus Sehnsucht nach sich selbst in einem letzten, gelb schimmernden Lichthäuflein, kehrt als Blume zurück.

In Märchen und Mythen sind Stein und Blume beliebte Verwandlungs- und Verwünschungsformen. Aus diesen heraus gilt es dann, die jeweiligen Personen wieder zu erlösen. Im Mythos von Narziss und Echo blieb diese Erlösung bislang aus. Stattdessen fasziniert die Geschichte bis heute, suggeriert sie doch, dass es nun mal so leidvoll sei auf Erden mit dem Selbst, mit der Liebe, mit der Kunst und dass man lediglich lernen könne, besser mit all dem umzugehen oder darauf zu verzichten.

Nach wie vor bringt also das, was der Mythos beschreibt, ununterbrochen unermessliches Leid über die Menschen, über die Welt. Darum werden wir nun Narziss und Echo gemeinsam erlösen. So, dass man Narziss, wie man ihn kannte, getrost vergessen kann, ebenso Echo. Anschließend werden wir beide neu erleben, als inspirierende Figuren dafür, wie heilsames Miteinander in liebender Balance gelingen kann, zwischen Paaren ebenso wie in Familien und überhaupt: ganz allgemein, kreativ und natürlich esoterikfrei.

Warum können wir diese Erlösung durchführen? Weil die erlösende Essenz seit mindestens über zwei Jahrtausenden bekannt ist – und weil wir zudem das Element nutzen können, das uns Menschen alle vereint, das unsere Ohren, Augen und unser Empfinden offen und empfänglich macht für das, was uns in Natur und Kosmos begegnet und darin zu Hause sein lässt.

Dieses Element ist die Kunst und wir, schöpferische Wesen du und ich, sind Künstler. So wie übrigens all die anderen, die bislang den Mythos immer wieder verändert haben.

Auch wenn du das eventuell schwer nachvollziehen kannst, bist du ein Künstler. Auch wenn alle um dich herum darüber lachen würden, bist du es doch. Auch wenn du der tiefsten Überzeugung bist, das sei vermessen oder gar dumm, bist du es doch. Auch als Natur- oder Geisteswissenschaftler, Mediziner, Handwerker, Lehrer, Psychoanalytiker, Theologe oder Vertreter einer ähnlichen Profession bist du geborener Künstler.

In dem Bewusstsein, dass wir gestaltende Schöpferwesen sind, begeben wir uns mit Papier und Stift gemeinsam an das Ufer, an dem sich Narziss nach Verlorenem verzehrte. Ins Gepäck nehmen wir das Wissen darum, was wir eigentlich sind: ganz und heil gemeinte, bedingungslos geliebte Kreaturen des Dahinters der Zeit. Egal, was uns geschehen ist oder noch geschehen wird, weil diese Welt so ist, wie sie ist.

Mit Creative Spiritual Care bringen wir dieses Wissen in erfüllende, erlösende Gedanken, Bilder und Worte – für alle.

Dass dies möglich wäre, ersehnte bereits Narziss, am Wasser kauernd. Doch wusste er nicht, dass einfachstes, heilsam kreatives Tun genügt hätte, um verlorenes Selbst zurückzubringen und damit die menschliche Urwunde zu schließen.

Die sprachbegabte, von Iuppiter verbal missbrauchte Echo hätte es ihm auch nicht sagen können.

Ulrike Streck-Plath, Maintal, im Sommer 2023

I. Mythos

1. Narziss und Echo

Selbstverliebt sitzt er am Wasser und lehnt jeden anderen ab. Darum muss Narziss sterben. Was für eine Geschichte. Sie handelt von einem, vielleicht dem Hauptproblem menschlichen Miteinanders: der Liebe. Wer hat sie, wer bekommt sie, wie viel davon, wie lange, bekommt man genug oder nicht, was ist, wenn man ohne bleibt?

Der Mythos von Narziss ist alt und es gibt ihn in verschiedenen Varianten. Du, liebe Leserin, lieber Leser, bist diesbezüglich eventuell rezeptions- und wirkungsgeschichtlich bewandert. Vielleicht kennst du aber auch nur den Begriff „Narziss" und verbindest das lediglich mit dem, was in den ersten beiden Sätzen dieses Kapitels steht. Oder mit eingebildeten, selbstverliebten Menschen, die andere in „toxischer Beziehung" halten.

Dieses Kapitel unternimmt darum den Versuch, den Mythos von Narziss und Echo mit seinen Varianten möglichst so zu skizzieren, dass Experten ebenso zufrieden sein können wie Laien. Die Skizze entsteht mit

Blick auf das Faszinosum, das die Geschichte bis heute auf Menschen ausübt.

Mythen faszinieren, weil es in diesen Erzählungen um Kernproblematiken menschlichen Daseins und Miteinanders geht, darunter vor allem Liebe und Betrug, Heldentum und Bestrafung, Leid und Tod. Stets sind Mythen eingebunden in andere Geschichten und werden auch immer wieder verändert, um neue Erkenntnisse oder Ideen mit hineinzuweben.

Als man im 18. Jahrhundert hierzulande die Antike wiederentdeckte, sich für ihre Formensprache, Architektur und Literatur begeisterte, begann explizit für Narziss und Echo ein neuzeitliches Abenteuer, das sie durch Kultur und Gesellschaft bis hinein in die Wissenschaft führte. Vor allem Ovids Darstellung des Narziss-Mythos in seinen Metamorphosen hat es den Menschen angetan.

Eine ursprüngliche Quelle des Mythos findet sich bei Konon, einem Zeitgenossen Ovids. In seiner Darstellung geht es um einen Mann, der von Narziss abgelehnt wird und sich umbringt. Nachdem auch Narziss gestorben ist, beginnt das Umfeld, Eros zu verehren, in der griechischen Mythologie der Gott der „begehrlichen", also der „erotischen" Liebe.

Etwa einhundert Jahre später notierte Pausanias in seiner „Beschreibung Griechenlands" zwei Varianten: 1. Narziss soll sich in sein Spiegelbild verliebt haben, weil er nicht erkannte, dass er es selbst ist. Da er sich nicht haben konnte, starb er. 2. Narziss hatte eine ihm äußerlich sehr ähnliche Zwillingsschwester, die gestorben war. Um sich an sie zu erinnern, betrachtete er sich im Spiegel des Wassers.

Ovid erweiterte die Geschichte in seinen Metamorphosen sehr umfangreich und kunstvoll, mit Spiegelungen auch in der Struktur des Erzählten. Darüber hinaus webte er Narziss' Begegnung mit der Nymphe Echo ein.

Das Besondere an dieser Figur: Echo konnte nur noch das Ende dessen wiederholen, was jemand anderes gesagt hatte.

Die Reduktion von Echos Sprachvermögen auf diese eine Fähigkeit war eine Strafe der Göttin Iuno gewesen. Diese hatte herausgefunden, dass die Nymphe sie durch Erzählungen ablenkte, während Iunos Mann Iuppiter sich sexuell mit anderen vergnügte. Die sprachverwirrte Echo verliebt sich in Narziss. Er aber verschmäht sie, woraufhin sich die Nymphe in einen Stein verwandelt. Ihre Funktion als Echo behält sie bei.

Narziss, der von vielen geliebt wird, verschmäht alle und verliebt sich statt dessen in sein eigenes Spiegelbild, das er in einem Teich erblickt. Er verliebt sich sozusagen in sein optisches Echo, versucht auch, sich selbst zu küssen und zu umarmen. Dabei merkt er, dass er selbst dieses Bild ist und darum die Erwiderung der Liebe durch eine andere Person unerfüllt bleiben wird. So sehr sehnt er sich statt dessen nach dem geliebten Bild seiner selbst, dass er an diesem Sehnen stirbt, vielmehr: er schwindet dahin wie gelbes Wachs, das an einem Feuer schmilzt. Als Blume, als Narzisse, kehrt er zurück.

Faszinierende Dopplungen (Echo) und Spiegelbilder, dazu die zeitlose Liebes- und Erkenntnisthematik sowie zahlreiche weitere Details in Ovids Version führten dazu, dass der archaische Mythos von Liebe und Leid lebendig blieb. Philosophisch, neuplatonisch, christlich-ethisch – unterschiedliche Denkschulen fanden hier den Stoff, um ihre Sache voranzubringen.

Das Spiegelbild wurde zum Beispiel zum Abbild der Seele, und zwar als ihr Ideal ebenso wie ihr Gegenteil. Das Schicksal des Narziss wurde zur Warnung für alle Themen, bei denen der Mensch besonders gut auf sich selbst aufzupassen habe, darunter Arroganz, Eitelkeit und Hochmut.

2. Was daraus gemacht wurde

Ende des 11. Jahrhunderts gehörten Ovids Metamorphosen zur wichtigsten lateinischen Schulliteratur. Im 13. Jahrhundert erschien der Rosenroman, der ebenfalls von der Liebe handelt und einen großen Einfluss auf die Literaturgeschichte und auch auf das Lebendigbleiben des Narziss-Mythos hatte.

Im 17. Jahrhundert war die Darstellung von Mythen ins Komische mutiert. Von Jean-Jaques Rousseau stammt zum Beispiel die Komödie *Narcisse ou L'Amant de lui-même (Narziss oder Wer sich selbst liebt).*

Um 1800 herum bildete sich der bürgerliche Subjektbegriff heraus. Nun wird Narziss romantische Schlüsselfigur für Selbstreflexion bis hin zum Sinnbild für den „weltabgewandten Künstler" (nicht verwechseln mit dem im Vorwort verwendeten Begriff des Künstlers). Schriftsteller nutzten die Figur über Jahrzehnte für Werke zu den Themen Dichtung, Kunst und Scheitern.

So veränderte sich der Narziss-Mythos weiter, bis die tragische Figur Ende des 19., Anfang des 20. Jahrhunderts schließlich Namensgeber für ein psychologisches Phänomen wurde, das von anerkannter, erstrebenswerter Selbstsicherheit bis zu Symptomen einer pathologischen Persönlichkeitsstörung reicht. Zahlreiche Forscher und Wissenschaftler nutzten und nutzen die Figur des Narziss und sein tragisches Ende für gesellschaftliche, sexualtheoretische und medientheoretische Abhandlungen.

Explizit in Sexualwissenschaft und Psychoanalyse entstanden vielfältige Diskussionen und Konzepte. Die Popularität der Arbeiten von Sigmund Freud trug mit dazu bei, dass Narziss(mus) heutzutage eher mit Freud denn mit Ovid in Verbindung gebracht wird. Allerdings unterschlägt Freud die wichtige Figur der Nymphe Echo. Statt dessen fokussiert er den homoerotischen Inhalt der Konon-Version und verleiht hinterfragwürdigen gesellschaftlichen Bräuchen der Antike, die Narziss wohl ablehnte, Zeitlosigkeit.

Auseinandersetzungen in Psychologie und Philosophie, Kultur und Sozialwissenschaft dauern an. Der Begriff „Narzissmus“ hat es mittlerweile weit hinein in Social Media geschafft, wo Menschen Zehntausenden anderen erklären, wie sich ein Narzisst verhalte, warum das so leidvoll sei und wie man mit so einem Menschen umgehen müsse, um sich zu schützen. Dargestellt wird stets ein „böser“ Mensch, der gefühllos und mit Absicht handle.

Insgesamt fällt auf: Der Mythos des Narziss fasziniert in egal welcher Form und egal welcher Zeit, damit auch verbunden der Begriff Narzissmus. In beidem steckt etwas, das Menschen stark anzurühren scheint.

Ein ähnliches Phänomen zeigt sich bei dem Wort Apocalypse. Auch dieses ruft starke Reaktionen hervor, ein Wähnen von etwas Schrecklichem, das man dennoch attraktiv findet. Dabei heißt Apocalypsse übersetzt lediglich Offenbarung, was ganz anders klingt und sich auch mit Erfreulichem verbinden lässt.

Narziss bzw. Narzissmus lassen sich ebenfalls in etwas übersetzen, das die Angelegenheit übersichtlicher und emotional handhabbarer macht: Wissen und fühlen, dass einem Liebe fehlt, und suchen, wo man diese Liebe herbekommen kann. Mehr ist das nicht.

Der Mythos spielt nun aber damit, dass man die benötigte Liebe nirgendwoher zuverlässig bekommen kann. Nicht einmal man selbst ist eine zuverlässige Quelle. Aber irgendwie weiß man, dass es etwas geben muss, das den Schmerz stillt, und wenn es der Tod ist. Doch auch der ist Narziss – und Echo – versagt. Sondern sie stehen noch immer herum als Stein und Blume, werden interpretiert und benutzt fürs variantenreiche und zudem kontrollierbare Offenhalten einer tiefen Wunde, die sich eigentlich schließen lässt.

3. Was daraus werden kann

Echo ist eine Suchende, deren Rufen ein Finden ist. Doch der, der gerufen hat, kann stets behaupten, er hätte nicht gerufen. So, wie es sogenannte Narzissten tun mit ihrem „Hab ich nicht gesagt, hab ich nicht gemeint, war anders".

Narziss ist ein Sehender, dessen Blick ein Erkennen ist. Nämlich, dass er so unganz, wie er innerlich ist, überhaupt nicht liebenswert sein kann. So, wie sprichwörtliche Narzissten ihre innere Leere spüren, damit genug zu tun haben und aus diesem Grund tiefe Nähe zu anderen meiden.

Echo könnte eine Rufende sein, die genau sagt, was ist: Iuno, dein Mann betrügt dich. Und Iuno könnte selbst wie ein Echo antworten: Betrügt mich? Echo könnte entgegnen: Ja. Und Iuno hätte Gelegenheit, sich um diese Angelegenheiten zu kümmern (andere Geschichte).

Dafür wäre Echo die Sprachstrafe zu erlassen. Ohne diese wäre es nie zur Verwandlung in einen Stein gekommen. Wer erlässt Echo diese Strafe? Iuno, einfach so, aus weiblicher Solidarität, und gemeinsam mit uns. Ist das Echo damit verschwunden? Nein, denn es ist ein akustisches Phänomen.

Echo wäre wieder frei, um in den Wäldern herumzustromern, den sich im Wind bewegenden Blättern zu lauschen und an Blumen zu schnuppern. Eine davon wäre Narziss. Ihn nicht haben wollen, ihn also nicht abpflücken. Sondern ihm zuflüstern: Da sind Leute im Wald, deine Freunde.

Narziss könnte sich erinnern. Ja, die Freunde. Um ihnen entgegenzueilen, wäre der Status der Blume zu verlassen. Was ihm gelingt durch Echos befreiende Liebe, die weder Angst vor seiner inneren Leere hat noch diese selbst füllen will. Blume oder Mensch, einer ähnelt ohnehin dem anderen, trinkt dasselbe Wasser, lebt im Licht.

Dann wäre Narziss zu zeigen, wie er in sich hineinfüllt, was ihm fehlt: Liebe aus der Quelle direkt über ihm, von der ihm bislang niemand erzählt hatte. Weil es auf Erden einfacher war, Liebe zuzuteilen oder zu versagen, da das Menschen mächtig hält und andere ohnmächtig.

Narziss' Sehnsucht nach sich selbst verginge wie vormals er selbst. Wie auch seine Destruktivität, die ihm nie inhärent war, sondern die in seiner Leere entstand aus Kummer und Wut. Er könnte friedlich mit seinen Freunden durchs Leben gehen. Ein Happy End mit Echo? Vielleicht. Jedoch bedingungs- und darum sensationslos.

Narziss ein sich selbst und seine Nächsten Liebender, der innere Untiefen natürlich füllt, weil es Geburtsrecht ist, heil und ganz zu sein. Ein ganz werdender Mensch, der um seine Grenzen und die anderer weiß und diese achtet und andere dabei unterstützt, selbst ganz zu werden.

Echo eine Antwort, die geduldig Liebe zurückruft, egal, was ihr noch immer Suchende um die Ohren brüllen. Ertönt jedoch eine Frage wie *Wozu haben wir all diese Jahrtausende vergeudet mit Leid und Not?*, schweigt Echo.

Für nichts, murmelt Narziss und weint, jede Träne ein Spiegel der Welt.

Hier ist Platz für deine persönlichen Assoziationen zum Thema Narziss bzw. Narzissmus:

Welche „Narzissten" kennst du?

....

....

Was ist für dich das Besondere an solchen Menschen?

....

....

Welche Literatur ist dir noch zu dem Thema bekannt?

....

....

Worüber weint Narziss?

....

....

Weitere Notizen von dir:

....

....

II. Mensch

1. Geburtsrecht Ganzheit

Zeichne auf ein Blatt Papier die Umrisse eines Menschen. Körper und Kopf lassen sich mit einer Linie darstellen (siehe *Bild 1*, nächste Seite). Die Nase markierst du mit einem senkrechten, die Augen mit einem waagerechten Strich. Oder nimm die Figur auf Seite 45 heraus.

Das ist Narziss. Das ist Echo. Das ist auch du und ich, wir alle sind ureigentlich solche Wesen.

Da wir jedoch Narziss zeigen wollen, worum es geht, bleiben wir dabei: Die Zeichnung stellt ihn dar, wie er als Mensch ureigentlich gemeint war bzw. ist. Wir beschreiben ihm nun, was da zu sehen ist.

Lieber Narziss,
die Linien auf dem Kopf und was dazwischen ist, dieser Kanal, symbolisieren deine Verbindung zu dem ins Leben rufenden, bedingungslos liebenden Dahinter der Zeit.

Narziss: Was ist das Dahinter der Zeit? Ist das ein Gott?

In deiner Kultur gab es die Vorstellung zahlreicher Götter und Göttinnen. Es gibt aber auch die Vorstellung, dass nur ein Gott existiert. Oder auch „ein Gott in drei Personen". Darüber hinaus wird hier und da noch immer darüber gestritten, welcher Gott „der richtige" sei. Oder ob Gott gar weiblich sei. Heutzutage reagieren manche Menschen bei dem Wort „Gott" zudem allergisch. Andere meinen, sie selbst wären Götter.

Narziss: Das ist kompliziert.

Worin sich eigentlich alle Religionen der Welt einig sind, ist das Prinzip der Nächstenliebe. Man soll seinen Nächsten lieben wie sich selbst. Darin sind sich Menschen übrigens auch einig, die keiner Religion angehören. Für sie ist es ein universell-ethisches Prinzip.

Narziss: Das Prinzip ist gut. Doch wie soll Nächstenliebe gelingen, wenn man sich selbst nicht liebt? Oder wenn Menschen das Gefühl haben, dass bereits ihr Gott sie nicht liebt? Und ...

Darum das Dahinter der Zeit. Ein neutraler Name. Für eine natürliche Kraftgröße, die alle Kreatur zu 100 Prozent bedingungslos liebt.

Narziss: Jenseits jeglicher Weltanschauung?

Ja, andernfalls hingen menschengemachte Bedingungen daran.

Narziss: Alle Kreatur wäre von dieser Kraftgröße in gleichem Maße geliebt? Zu 100 Prozent bedingungslos?

Ja. Diese Kraftgröße kann, was Menschen schwerfällt.

Narziss: Das Dahinter der Zeit. Sächlich.

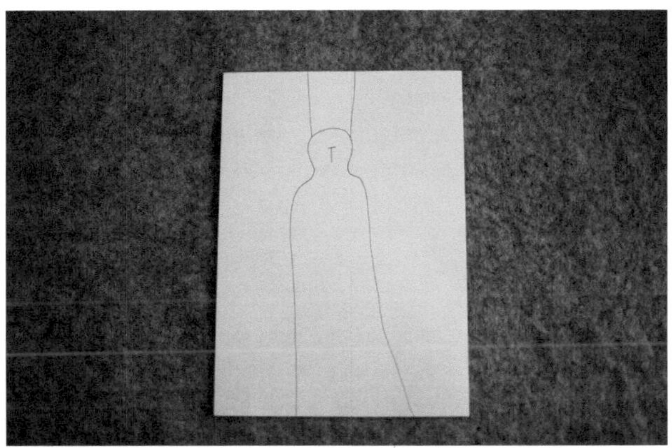

Bild 1

Stell dir nun vor, diese Verbindung, also diese Strahlen, wären unendlich lang und reichten bis zu dieser Kraft, wären mit dieser verbunden. Du kannst auch atheistisch denken, dass „da oben nichts ist“. Die Verbindung existiert dennoch, weil du existierst.

Narziss: Das bedingungslos liebende Sein und Haben des Dahinters der Zeit flösse dann von dort, wo es beginnt, in mich hinein.

Natürlich. Von dort zu dir, nicht umgekehrt.

Narziss: Trägt dieses bedingungslos liebende Sein und Haben, das da fließt, auch einen Namen?

Das kann man „In-Energie“ nennen – und in dieser Verbindung fließen 100 Prozent dieser Energie zu dir. Mit den Füßen bist du entsprechend zu 100 Prozent mit dem Planeten Erde verbunden, geerdet.

Narziss: *Bild 1* zeigt mich also in meinem ganzen, unversehrten Sein und Haben. Mit meiner Verbindung zum

Dahinter der Zeit. Samt angeborenem Gewissen und reinem Bewusstsein auf allen Ebenen.

Ja. Diese Zeichnung zeigt dich ganz und heil. So, wie du gemeint bist. Unabhängig davon, was dir auf dieser Welt geschieht.

Das Papier könnte auch zu beiden Seiten hin unendlich lang sein. Du könntest dann eine Figur neben der anderen zeichnen. Keine sähe gleich aus. Der Raum zwischen den Figuren zeigte ebenfalls diese bedingungslose Liebe, denn zwischen ganzen Menschen wäre sie üblich. Schließlich bestehen Kreaturen vornehmlich aus dieser Liebe, aus Schwingung.

Narziss: Zwischen ganzen und heilen Menschen wären 100 Prozent Nächstenliebe der Normalzustand.

Ja.

Auch dreidimensional könntest du solche Figuren formen, kraftvoll aufrecht und frei im Raum stehend, ebenfalls mit einem Dazwischen verbunden, das nur aus Liebe besteht.

Narziss: Auch hier wieder nur, wenn die Kreaturen ganz sind.

Ja. Und die Verbindung in die liebende Unendlichkeit – das Antennenpotenzial aller Kreatur – ließe sich mit einer weit nach oben reichenden Krone zeigen.

Narziss: Auf Erden lernen wir, Kronen seien Herrschern vorbehalten. Das ist ein Irrtum.

Der nur Hierarchien dient. Wir alle haben auf unserem Kopf ein Kronenreich, also den Bereich, auf dem eine Krone sitzen würde und ureigentlich auch wirklich sitzt:

die Krone des Lebens.

Narziss: Meine verstorbene Zwillingsschwester und ich, wir haben uns früher wunderbare Blumenkronen gebunden …

Der Mittelpunkt des Kronenreichs ist der höchste Punkt auf deinem Kopf. Dort ist deine größte Fontanelle vermutlich noch immer nicht vollständig zusammengewachsen. Diese obere Mitte befindet sich in geburtsrechtlich aufrechter Haltung genau über Wirbelsäule und Damm.

Narziss steht aufrecht, fasst sich auf den Kopf, fühlt in sich hinein, bis dort hin, wo seine Fußsohlen den Boden berühren.

Die gesamte Krone ist unendlich hoch und lang und deine direkte, physische Verbindung zum Dahinter der Zeit. Die Erdung erfolgt mit dem ersten Atemzug nach der Geburt.

Narziss: Ich stelle mir vor, dass wir alle wissen und spüren, dass wir eigentlich so aussehen müssten. Darum schmerzen die Fehlstellen so sehnend, wenn Bereiche dieser Ganzheit abhanden kommen. Wenn bedingungslose Liebe, die ureigentlich zu uns gehört, verschwindet. Wir versuchen auf alle möglichen Arten und Weisen, diesen Schmerz zu stillen.

Echo: Schmerz zu stillen.

Echo hat sich dazugesellt. In ihren Händen trägt sie Blumenkronen, legt sie auf einen Stein am Ufer.

2. Erlebnis Abspaltung

Wir geben Narziss das Papier mit der Zeichnung in die Hand. Hier, reiß die Figur entlang der Seitenlinien aus *(Bild 2)*. Diese Trennung vom Bewusstsein für die waagerechte Verbundenheit mit aller Kreatur erfolgt zumeist bei der Geburt. Auch im Mutterleib kann das bereits geschehen, wenn du spürst, wie es hier zugeht auf der Welt. Der Kronenbereich bleibt zunächst erhalten.

Narziss reißt, etwas unsicher: Was ist, wenn ich die Linien nicht treffe?

Einfach reißen, Narziss, ohne Angst, etwas falsch zu machen.

Bild 2

Du siehst: Noch nennst du die Verbindung zum Dahinter der Zeit und zur Erde dein Eigen, so vorgeburtlich nicht bereits zu viel Gegenteiliges dir zu Ohren kam oder dich fühlen ließ.

Narziss: Ich sähe also anders aus, wenn ich vor meiner Geburt etwas Schlimmes erlebte? Käme bereits auf die Welt ohne Krone und mit eingerissenen Linien?

Ja, und mehr noch. Doch der Reihe nach. Reiß nun die Verbindung nach oben ab. Denn das geschieht mit dem Erlernen der weltlichen Gesetzmäßigkeiten, zu denen in egal welcher Kultur die Überzeugung gehört, der Mensch sei von dem, woher er kommt, aus bestimmten Gründen getrennt *(Bild 3)*.

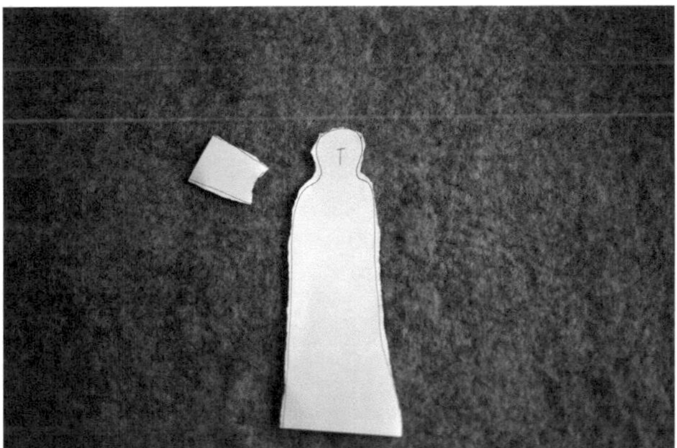

Bild 3

Narziss: Ja, diese Überzeugung gab es auch in der Kultur, in der ich lebte. Dazu die zahlreichen getrennten, trennenden, strafenden Gottheiten, die sich selbst zügellos benahmen.

Wir Kreaturen verlieren durch das, was man uns erzählt und wie man mit uns umgeht, fast vollständig Wissen, Bewusstsein und Gefühl für unser Antennenpotenzial, für unsere natürliche Verbundenheit mit dem bedingungslos liebenden Dahinter der Zeit. Das bedeutet, dass wir auch vergessen, was aus dieser gut genutzten Verbindung für uns resultieren würde: Bedingungslose Liebe sein und haben, einfach so.

Ja.

Narziss schweigt und überlegt. Dann sagt er: Das passt zu dem, was ich damals im Wasser sah. Den Himmel über mir, der sich im Wasser spiegelte, gemeinsam mit mir. Er spiegelte im Wasser das, was von mir übrig war.

Mindestens ein feiner Faden der Verbindung bleibt jedoch erhalten. Als eine Ahnung, wie es eigentlich gemeint ist zwischen dem Dahinter der Zeit und der Kreatur.

Narziss: Der Verlust dieser Kronenbewusstheit, das ist doch eigentlich eine regelrechte Entwurzelung. Aber nicht aus der Erde, sondern aus dem Kosmos heraus. Wir Menschen werden entwurzelt aus dem, woher wir kommen. Wir werden entwurzelt durch das, was man uns hier auf der Erde beibringt bzw. durch das, was uns hier geschieht.

Echo: Als Echo entstehen dann Bewusstsein und Gefühl des Entwurzeltseins auch auf dieser Erde, im hiesigen Sein und Haben.

Narziss: Ich fühle das. So schrecklich ist das. Setzt man sich ans Wasser und sieht man hinein, dann sieht man sich selbst mit dieser verlorenen Verbindung. Weil sich der Himmel und damit die ganze Weite des Kosmos zugleich darin zeigen. Oh, dieser Schmerz, dass das Bewusstsein für diese Verbindung abhanden kam.

Doch wie du siehst, wärest du ansonsten noch immer ganz und heil, hättest alles bei dir, was dein ist. Dazu gehörte auch die trotz allem noch vorhandene, hier jetzt unsichtbare feine Verbindung. Das ist deine Spiritualität, deine Verbindung mit dem Dahinter der Zeit.

Narziss, nachdenklich: Wissen, Gefühl und Bewusstsein für das Vorhandensein dieser Verbindung kann man den Menschen nehmen. Doch die Verbindung an sich bleibt, sie ist im Wasser sichtbar.

Lieber Narziss, jedes Wesen kommt jedoch auch mit geerbten Traumata zur Welt. Diese können viele Generationen alt sein.

Narziss: Trauma, ein griechisches Wort. Von altgriechisch τραύμα, das heißt Wunde.

Bezeichnet in der Psychologie eine seelische Verletzung aufgrund einer starken psychischen Erschütterung.

Narziss: Das bedeutet, nicht nur die Verbindung zum Dahinter der Zeit entschwindet aus unserem Bewusstsein. Sondern wir erhalten weitere Wunden, werden mit solchen bereits geboren.

Die Forschungen zur Vererbung von Traumata sind jung.

Narziss: Auch wenn ihr dies jetzt erst wisst, so war es doch schon immer so.

Ja. Jedes Mal, wenn wir etwas erleben, dass nicht einfach in uns hinein- oder durch uns hindurchfließt, weil es angenehm ist oder zu der Liebe passt, aus der wir ureigentlich bestehen. Jedes Mal, wenn wir also etwas erleben, das nicht bedingungslose Liebe ist, erleiden wir so eine Erschütterung und dadurch eine seelische Verletzung.

Narziss reißt ein Stück aus der Figur heraus: So sieht das aus. So fühlt sich das an.

Bild 4

Schon während der Schwangerschaft kann es Erschütterndes zu verarbeiten geben. Wir spalten ab, weil unser mit allen Körperstrukturen und -funktionen verbundenes energetisches System nur so überleben kann.

Als Mutter während der neun Monate den sogenannten bösen Blick zu meiden und von schrecklichen Gegebenheiten die Augen abzuwenden, ist eine hilfreiche Weisheit.

Narziss: Uralt ...

Traumata, die vererbt werden. Aber auch Unfrieden und Gewalt, Krieg und Hungersnot, das Entstandensein durch Vergewaltigung, ein Unwillkommensein in der Familie. All dies kann in der vermeintlichen Geborgenheit des Uterus dazu führen, dass ein Wesen Teile seines Selbst schon vor der Geburt verliert.

Echo: Teile seines Selbst bereits vor der Geburt verliert.

Narziss: Wir erleiden seelische Wunden und das, was ureigentlich zu uns gehört, verschwindet. Weil es bei uns so gefährlich ist. Darum bleibt es auch fort. Denn warum sollte es zu uns zurückkommen? Abgespaltenes, dissoziiertes Selbst, Seelenanteile sind das, was ich da herausreiße.

Hindernde Glaubenssätze werden ebenfalls vererbt, zum Beispiel darüber, was ein Mensch sei, was in der Familie, der Gesellschaft erlaubt ist oder nicht und so weiter.

Narziss reißt weitere Teile heraus.

Bild 5

Jedes Kind kommt ohne eine Gebrauchsanweisung auf die Welt. Eltern machen darum garantiert etwas falsch.

Narziss: Aber ja, jetzt wird mir dies klar! Eltern sind doch selbst so zerrissen! Deren Eltern waren es ebenfalls und immer so weiter zurück durch die Generationen. Woher sollten sie in so einem inneren Zustand alles richtig machen können?

Er reißt für das, was seine Eltern verkehrt gemacht haben, ein weiteres Teil heraus. Dazu ein Teil für Belastendes, das er in der Familie, mit Freunden, im Leben allgemein erlebt und das ihn tief verletzt hat. Er reißt auch ein Teil für Unfälle und schwere Erkrankungen heraus *(Bilder 6 und 7).*

Narziss erkennt: Diese Teile spalten wir immer nur dort ab, wo es energetisch sinnvoll ist. Also dort, wo sie „verschmerzbar“ sind, ohne dass wir tot umfallen. Sie hinterlassen eine Leere, in der wir nicht mehr sind. Wir gehen verloren und verschwinden in uns selbst, nach außen durchaus lächelnd.

Wie hätten mich meine Eltern vor allem bewahren sollen, was mich erschüttert hat? Rein theoretisch hätten sie mich vor vielem bewahren können. Doch sie haben das nicht gekonnt, weil sie nicht wussten, was sie da taten oder auch nicht taten. Weil auch sie so verletzt sind.

Echo: Verletzt sind.

Bild 6

Bild 7

Narziss: All dies gilt für alle Menschen. Alle sind innerlich so zerrissen. Statt Liebe ist es diese Zerrissenheit, die Menschen eint, aneinander bindet und zugleich gegeneinander aufbringt.

Das Reißen der Teile aus dieser Figur heraus zeigt, wie banal das eigentlich ist, was da mit uns geschieht.

Echo: Allein aus dieser banalen Zerrissenheit heraus entsteht das Böse, das menschengemachte Leid der Welt. Es sei denn, die innerlich entstandenen und entstehenden Abgründe werden sorgsam behütet und beschützt mit Bewusstsein und Erkenntnis, was ein Menschenkind sei und was ihm darum zusteht: Würde, Nähe und bedingungslose Geliebtheit, Unversehrtheit, Ganz- und Heilsein.

Narziss: Dass einem all das zusteht, haben Menschen darum mühsam zu lernen – oder sie verstehen es gar nicht, weil sie es nicht nachvollziehen können. Die, deren Symptome meinen Namen tragen, spüren in sich nur diese tiefe Leere und diese Sehnsucht nach sich selbst. Außen schlagen sie um sich.

Echo: Du hast nie geschlagen, nie ein böses Wort gesagt.

Narziss: Oder sie spüren die Bedürftigkeit der anderen und breiten ihre Arme aus, um ihnen zu helfen. So hast du das getan und ich wies dich zurück.

Lieber Narziss, der durch dieses Ausreißen sichtbar gemachte Verlust von Selbst *(Bild 8)* während des gesamten Lebens ist eine natürliche, sehr intelligente, jedoch unbewusste Schutzreaktion auf alle Erlebnisse, die wir seelisch, emotional, energetisch nicht verarbeiten können.

Narziss: Statt ein Seins-Ich ist man nur noch ein Schein-Ich.

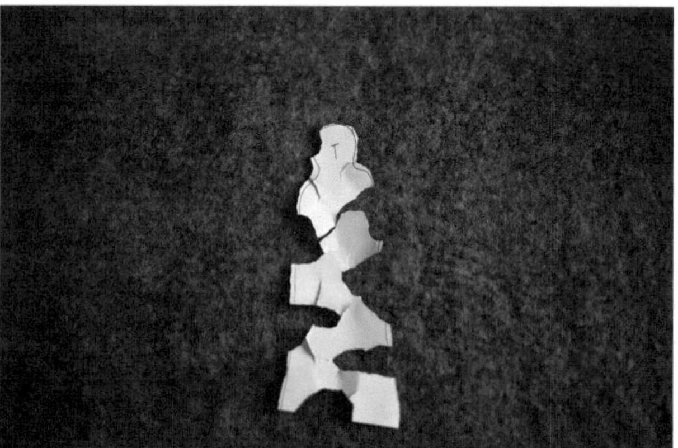

Bild 8

Die Teile, die wir verlieren, sind unsichtbar und natürlich viel zahlreicher, der Verlust insgesamt komplexer. Dass wir uns selbst nach und nach in kleineren und größeren Teilen verlieren können, ohne dass der umgehende Tod eine natürliche Folge wäre, zeigt die Kraft unserer Herkunft.

Über die Zeit können wir so viel verlieren, dass sich die wenigen heilen Stellen nicht mehr aufrechthalten lassen. Dann drückt es uns innerlich zusammen, *depressed* uns.

Bild 9

Narziss: Das habe ich gesehen damals, im Spiegel des Wassers und auch im Gegenüber der anderen. Im Spiegel des Wassers sah ich nur mich. Das empfand ich erträglicher, als mich den inneren Untiefen der anderen stellen zu sollen.

Oh, es war so schmerzhaft, mich zu sehen und zu spüren, wie viel mir fehlt und dass ich es nie zurückerlangen kann.

Echo: Zurückerlangen kann.

Narziss: Kann ich?

Echo: Kannst du.

3. Drama Kompensation

Narziss: Nach diesen fehlenden Teilen meiner Selbst, nach dieser ganzen Liebe, die nur zu mir allein gehört, habe ich mich wie ihr gesehnt, habe ich mich verzehrt. Habe dabei so viele weitere Teile meines Selbst verloren, bis ich nur noch ein schwach schimmerndes Lichthäuflein war.

Du hast unterlassen, was so viele Menschen noch heute bevorzugen. Du hast dich geweigert, das Übliche zu tun, nämlich: die Verluste zu kompensieren.

Narziss: Als ich erwachsen wurde, habe ich das unterlassen und mich geweigert. Das stimmt. Bis dahin habe ich von meiner Zeugung an das getan, was alle tun, um ihr zerstörtes Selbst zusammenzuhalten.

Ich habe die Untiefen durch neue Bewusstseinswege und -konstrukte überbrückt, um die Funktionen meiner inneren Systeme irgendwie aufrechtzuerhalten.

Ich habe mit Vorstellungskraft, Buchstaben und Zahlen wie ihr kunstvolle innere Straßen, Gemäuer und innere Länder gestaltet. Schwarz, weiß, grau und bunt.

Ich habe Sätze gelernt und konstruiert, Informationen aufgenommen und in mir verortet. Sekunde um Sekunde, Tag für Tag, Jahr um Jahr. Während ich weiter ureigene Teile verlor durch das, was ich erlebte.

Mit jedem Verlust von Selbst reduzierte sich die zum Ganz- und Heilsein notwendige bedingungslose Liebe, die Lebens- bzw. In-Energie. Damit schwand in mir das Gefühl des bedingungslosen Geliebtseins immer mehr.

So habe ich das von mir Übriggebliebene zusammengehalten, mit einem enormen Energieeinsatz. Unbewusst habe ich die feinst modifizierten Strategien immer wieder neu miteinander verbunden. Zahlreiche dieser Strategien hatte ich vermutlich geerbt. Diese ergaben für mein Sein gar keinen Sinn. Dennoch hatte ich mit diesen umzugehen, unbewusst, unbekannt.

Fortwährend fragte ich mich bewusst und unbewusst: Was ist zu tun, um hier zu überleben? Entsprechend verhielt ich mich, während ich jedes Detail meiner Umwelt aufnahm, als Wort oder Bild. Dadurch verursachtes Ent-Setzen ließ mich weitere Teile meines Selbst aus mir hinaus-setzen.

Mein Sein und Haben speiste sich kaum mehr aus dem, woher ich komme, sondern aus dem, was auf der Welt zur Verfügung stand. Der unsichtbare Faden geriet dabei noch mehr in Vergessenheit. Zudem lernte ich wie jedes Menschenkind, dass Mutter und Vater oft fort und wir allein sind.

Wie müssen wir uns verhalten, um zu gefallen, um geliebt zu werden?

Wie erhalten wir die notwendige Aufmerksamkeit, die wir brauchen, um unseres Selbsts trotz allem sicher zu sein?

Wie können wir das Gefühl bedingungsloser Geliebtheit wiedererhalten, das unsere Natur ist, das wir jedoch mit jeder Abspaltung mehr und mehr verlieren?

Woher nehmen wir die Energie, um den immer größer werdenden inneren Verlustschmerz zu betäuben?

Um uns herum sind alle wie wir zerstört und auf der Suche.

So wuchs ich auf wie alle anderen, wurde erwachsen. Dabei spürte ich, dass das Leben vor allem daraus besteht, immer mehr von uns abzuspalten aufgrund dessen, was uns geschieht – und zu versuchen, die entstehenden Fehlstellen zu füllen.

Wir sagen: Die erwähnten Strategien, Worte und Bilder, die das brüchige Selbst neu miteinander verbinden, rei-

Bild 10

chen nicht aus, um das Fehlende zu kompensieren. Fortwährend sind wir auf der Suche nach der tatsächlichen Essenz, der In-Energie, die ureigentlich zu uns gehört.

Doch weil wir die vertikal uns zur Verfügung stehende Quelle nicht mehr so zu nutzen wissen, wie es eigentlich unser Geburtsrecht wäre, tanken wir hier auf Erden waagerecht Energien aller Art und können aus einem großen Angebot wählen:

Substanzen aller Art, Arbeit, Beziehungen, Engagement, Aufopferung, Macht, Geld ...

Narziss: ... Ruhm und Heldentum.

Die dafür entwickelten Tank-Strategien sind vielfältig und miteinander verstrickt, in ständiger Weiterentwicklung aufgrund weiterer Verluste des Selbst.

Wir tanken auch Liebe, die sich so ähnlich anfühlt wie das, was wir kennen. Allerdings erleben wir nur die weltliche, bedingte Liebe. Das ist die Art, die nach der ganzen Abspalterei von der bedingungslosen, darum urteilsfreien, schmerzfreien Liebe übrigbleibt.

Bedingte Liebe sagt: „Wenn du dies oder das tust, wirst du geliebt." bzw. „Wenn ich dies oder das tue, werde ich geliebt." Diese Liebe ist mit Schmerz verbunden. Aus ihm entsteht sie und der entsteht wiederum, wenn sich die Liebe als das erweist, was sie kompensieren sollte: Verlust.

Narziss: Darum lehnte ich die anderen ab. Warum auch hätte ich mich an jemanden binden sollen, der mit mir doch nur seine inneren Fehlstellen kompensieren möchte? Warum hätte ich einer Person vertrauen sollen, die behauptet, mich zu lieben, obwohl die Person meine inneren Untiefen gar nicht kennt? Lieber nahm ich kontinuierlichen Schmerz in Kauf, als fortwährend enttäuscht zu werden, das Ende einer Täuschung zu erleben.

Auch abgespaltenes Selbst anderer Menschen, fremde In-Energie, steht zur Verfügung – und wird unbewusst von Menschen in sich eingebaut, deren Strategie es ist, ihre innere Brüchigkeit mit einer energetischen Mauer von außen zu stützen. Dafür brauchen sie viel Selbst von anderen *(Bild 11)*.

Bild 11

Narziss: Solche Menschen gab es viel um mich herum. Sie glänzten in ihrer Grandiosität von außen, Masken der Niedertracht auf ihren Gesichtern. Dahinter Abgründe.

Manche Menschen haben die Strategie, ihren Schmerz dadurch zu besänftigen, dass sie andere mit (In-)Energie, Aufopferung etc. versorgen. Nach und nach sind sie bereit, ihr ganzes Selbst für diese anderen herzugeben. Sie verzehren sich im Miteinander mit dem Gegenüber.

Narziss: Ich verzehrte mich im Gegenüber mit mir selbst.

Echo: Ich wurde zu Stein.

Manche versuchen, irgendwie mit ihrem verbliebenen Selbst klarzukommen. Sie suchen Möglichkeiten, sich ihrer Verluste bewusst zu werden. Sie glauben, sie könnten oder müssten die Fehlstellen samt erinnertem Grauen in sich integrieren.

Bild 12

Zumeist nutzen Menschen diese drei Strategien parallel und in unterschiedlichen Intensitäten.

Manche hören Stimmen und wissen nicht, wie sie mit diesen umgehen sollen. Stimmen, die unterstützen, kann eigenes Rufen aus der Tiefe sein. Stimmen, die quälen, können Worte, Informationen aus Zeiten entstandener Abspaltung sein, auch von solchen, die geerbt wurden.

In den geleerten Tiefen wohnt auch die Angst. Diese ist das Gegenteil bedingungsloser Liebe.

Narziss: Diese inneren Orte, die durch Abspaltung leer werden, die Angst-Orte, sagen *Da ist niemand, du bist allein.*

Echo: Bedingungslose Liebe sagt *Ich bin da, du bist da, wunderbar.*

Doch fremdes Selbst passt nicht. Substanzen, Arbeit, Beziehungen etc. genügen nicht. Denn all das hat nicht die Qualität des ureigenen Selbst, das da verloren ging. Das spüren wir und versuchen, immer Neues zu finden oder zu erfinden, das Glück und Wohlgefühl verheißt.

Wir alle machen das so. Die Systeme, in denen wir weltweit leben, sind darauf ausgelegt. All dies gilt als normal.

Narziss: Die bestehenden Systeme schaffen das, was später therapiert werden muss.

Echo: Darum besser Systeme schaffen, in denen die Menschen nachhaltig gesund bleiben.

Heutzutage versuchen immer mehr Menschen mit dem, was Meditation und Achtsamkeit genannt wird, das innere schüttere Gebilde ihrer Selbst ruhig zu stellen und zusammenzuhalten.

Doch Strategien durchzuhalten und immer neue zu entwickeln, erschöpft. Abgespaltenes Selbst auszugleichen, wird irgendwann zu schwer. Was nicht mehr da ist, erweist sich als Belastung.

Narziss: Nicht das ist zu schwer, was noch da ist. Sondern das, was fehlt, macht es schwer, das Verbleibende zusammenzuhalten.

Echo: Daran können wir innerlich zerbrechen. Natürlich starker Fels, der wir sein könnten, endet als Kieselgestein.

Was der jeweiligen Gesellschaft anschließend eigentlich genügen würde: Dass innerlich Zerbrochene wieder unsichtbar so funktionierten wie gewünscht. Dass weitere Möglichkeiten gefunden würden, den systemsichernden, zehrenden Umgang mit Leid weiter zu perfektionieren.

Narziss: Mir genügte das nicht. Weil Leid immer nur wieder neues Leid gebiert. Das soll schon lange aufhören. Noch wussten wir nicht, wie.

Echo: Mit den Leuten hier kann das nun gelingen.

Narziss sagt: Hier ist eine Figur für dich. Die kannst du ausreißen wie vorne beschrieben.

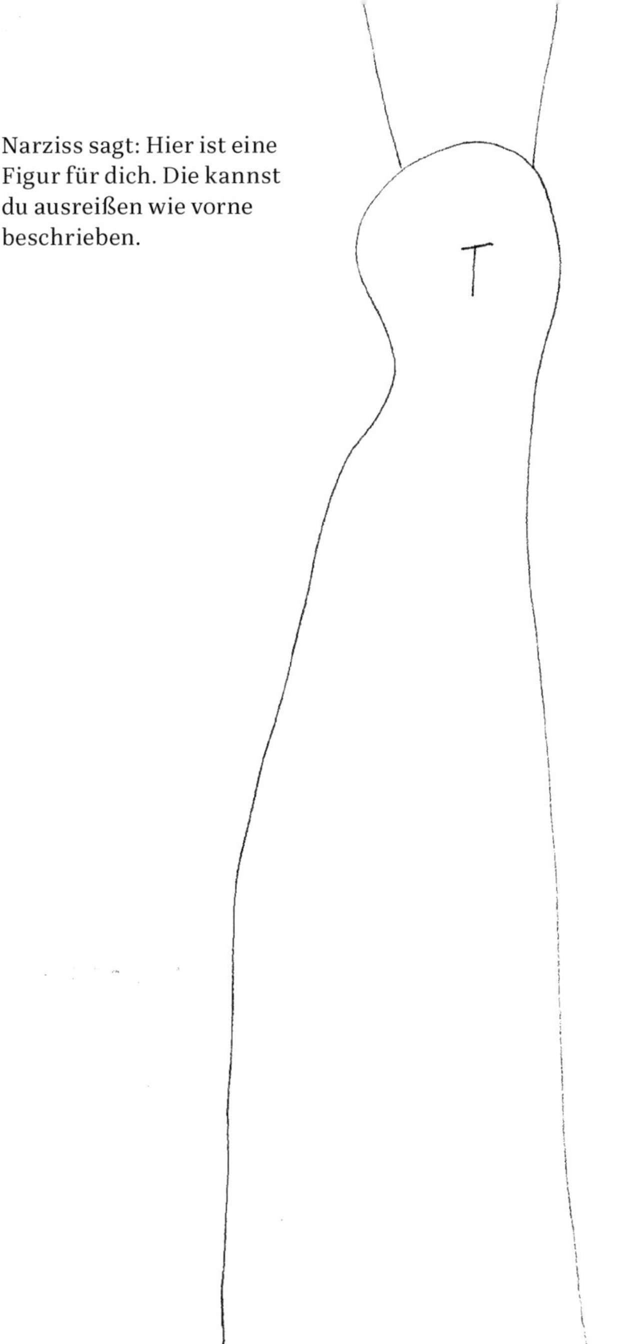

Echo sagt:
Diese Figur kannst du
ebenfalls ausreißen –
oder sie im Buch belassen.

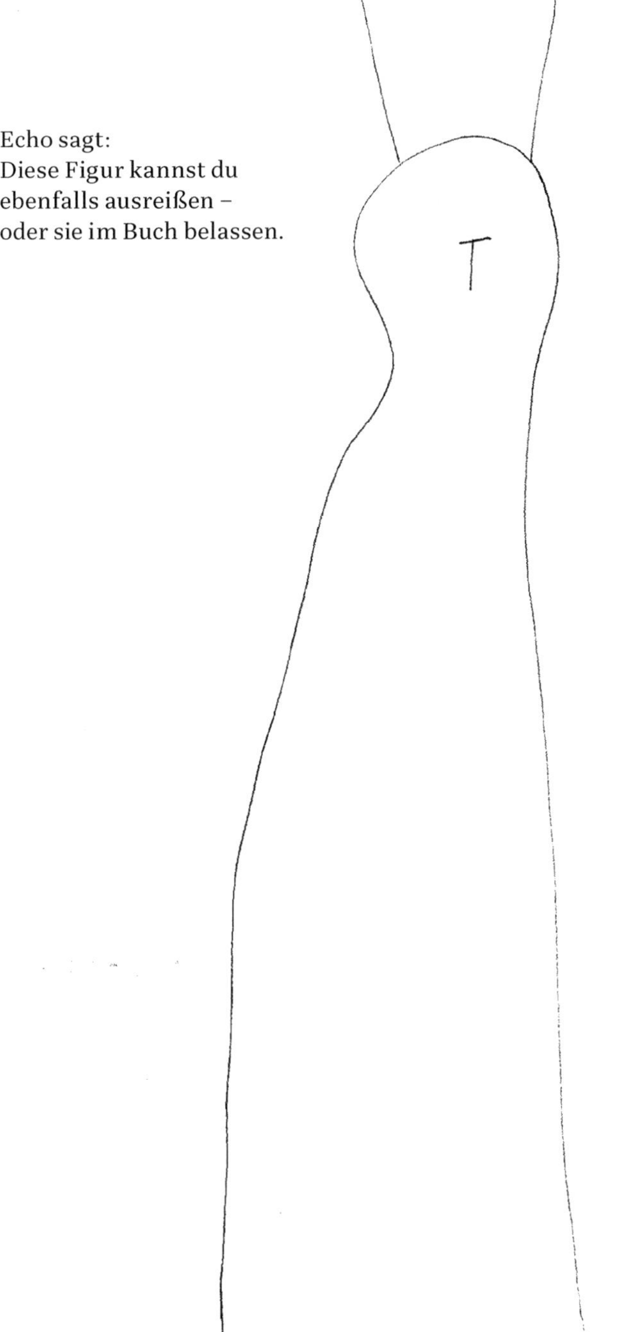

Zwischenruf

Narziss: Moment, das geht mir doch zu schnell. Ich musste Jahrhunderte herhalten als mythische Metapher für die Beschreibung und Aufrechterhaltung dieser Systeme. Als könne es nur so und niemals anders sein. Während Menschen auf der Suche nach dem Verlorenen durch ihr Leben und das der anderen stolpern.

Echo: Du bliebst am Wasser, ließest die anderen in Frieden. Lieber vergingst du in der Sehnsucht nach deinem verlorenen, ureigenen Selbst, als deine Sehnsucht zu stillen durch Menschen, die versuchen, ihre Sehnsucht durch dich zu stillen.

Narziss, erstaunt: Echo, sag das noch mal.

Echo: Lieber vergingst du in der Sehnsucht nach deinem verlorenen, ureigenen Selbst, ...

Narziss: Okay, verstanden ...

Echo: ... als deine Sehnsucht zu stillen durch Menschen, die versuchen, ihre Sehnsucht durch dich zu stillen.

Narziss: Ein Geben und Nehmen. Ein Verweigern und Zerren.

Echo: Ja.

Narziss: So war das seit Menschengedenken.

Echo: Ja, und kann nun anders werden. Die Zeit drängt, Narziss. Durch das Internet wird der Begriff Narzissmus und vieles von dem, was damit zusammenhängt, mehr Menschen bekannt als je zuvor. Das macht es leichter, das Thema überhaupt anzusprechen. Die (A-)Sozialen

Medien überborden zudem von dramatischen Darstellungen und Anleitungen fürs Managen oder Beenden „toxischer" Beziehungsgeflechte mit angeblichen „Narzissten". Das erschwert es zunehmend, sich dem Thema auf Sachebene zu nähern.

Physical und *social Distancing* während der Coronapandemie trugen darüber hinaus dazu bei, dass sich Menschen verstärkt ihrer inneren Fehlstellen bewusst wurden bzw. diese schmerzhafter fühlen. Denn die Distanz entzog ihnen wichtige Kompensationsmöglichkeiten. Die Menschen wurden auf sich selbst zurückgeworfen bzw. mussten zu Hause viel Zeit ungewohnt eng und lange mit anderen verbringen.

Das öffnete zwar den Erfahrungshorizont, um neue Herangehensweisen zu Milderung psychischen Leids in den Blick nehmen, wie zum Beispiel Positive Psychologie. Die Erfahrung der Pandemie und sich daran anschließende Krisen wiedereröffneten jedoch auch einen Sog menschlicher Abgründe, die man hoffte, längst befriedet zu haben.

Mittlerweile wird der Begriff Narzissmus in der Öffentlichkeit pauschal verwendet, um einen anderen Menschen wegen seiner Eigenarten – vor allem angebliche Selbstverliebtheit – zu diskreditieren und damit zugleich festzustellen, dass man selbst ja nicht so sei wie „der" oder „die da".

Dabei ist jedoch eher unbekannt, dass es unterschiedliche Ausprägungen des sogenannten Narzissmus gibt: Neben dem sogenannten „positiven" ist auch der „negative" Narzissmus definiert. Positiv meint die angeblich Selbstverliebten, negativ meint die Nicht-Selbstverliebten, die sich darum für andere aufopfern. Die positive Ausrichtung wird auch als „grandioser Narzissmus" bezeichnet, die negative als „vulnerabler", also verletzlicher Narzissmus. Grandiose/positive Narzissten finden es gut, als solche bezeichnet zu werden. Auch darum sehen sie keinen Bedarf, in irgendeiner Weise heilsam für sich aktiv zu werden. Das Problem haben ihrer Meinung nach „die anderen", was die Auseinandersetzung mit ihnen erschwert oder auch verunmöglicht.

Verstärkt ist nun in den Medien von Selbstliebe, „gesundem Egoismus" und „gesundem Narzissmus" die Rede. Doch eine einheitliche Definition darüber, was gesunder Narzissmus sei, existiert nicht.

Dann gibt es noch Stimmen, die Kopf- und Herzmensch unterscheiden. Kopfmenschen sind die grandiosen, Herzmenschen die vulnerablen.

Narziss: Mir schwindelt. In jedem Menschen steckt doch eine intrapsychische Dynamik von Grandiosität und Vulnerabilität. Jede Person ist doch beides, zerrissen und damit beschäftigt, die Zerrissenheit zu kompensieren. Jeder Mensch nutzt Kopf und Herz.

Echo: Sie gehen nur unterschiedlich damit um. Die einen spüren im Miteinander mit anderen ihre Fehlstellen und versuchen, sich zu verändern. Damit wollen sie ihren inneren Schmerz lindern und dem Gegenüber gefallen. Die anderen spüren ebenfalls ihre inneren Fehlstellen. Doch statt dies als Anlass zu nehmen, sich zu verändern, suchen sie, wer es wagte, diese Fehlstellen anzurühren, den Schmerz zu entfachen. Sie versteinern innerlich. Kopfmenschen verschlossen (oder auch verschlissen) ihr Herz, Herzmenschen schalten zu spät ihren Kopf ein.

Narziss: Dann wärst du ein grandioser Narziss, ein Kopfmensch und ich vulnerabel, von Herzen.

Echo: Wir wurden jedoch genau gegensätzlich interpretiert. Vielmehr wurdest nur du interpretiert, als grandioser Narzisst.

Narziss: Wie üblich. Der Mann im Mittelpunkt, die Frau abseits im Wald.

Narziss erhebt sich, nimmt einen Stock und schlägt ihn immer wieder ins Wasser, während er spricht:

Positive Narzissten, grandiose Narzissten? Die lieben sich selbst überhaupt nicht. Sondern sie leiden daran, durch erlebte Belastungen Essenz ihres Selbst abgespalten zu haben. Darum können sie sich nicht mehr als liebenswert empfinden. Zum Selbstschutz suggerieren sie allen anderen, sie, die sogenannten Narzissten, hätten der Liebe viel für sich selbst. In Wirklichkeit sind sie wie schwarze Löcher, angewiesen auf die Zuneigung anderer beziehungsweise auf die Zufuhr aller möglichen Dinge, die dieses gähnende Loch nie füllen werden. Dazu kommt: Hört diese Zuneigung oder Zufuhr auf, wird es gefährlich – für die anderen.

Narziss geht am Wasser auf und ab, legt dann den Stock beiseite, kniet sich ans Wasser und flüstert:

Die sogenannten negativen, die vulnerablen Narzissten lieben sich ebenfalls nicht. Auch sie leiden daran, durch erlebte Belastungen Essenz ihres Selbst abgespalten zu haben. Doch sie haben eine andere Strategie gegen ihren Schmerz: Sie opfern sich auf, machen und tun – und sind im Grunde genommen genau die, die Zuneigung und Zufuhr für die positiven Narzissten zur Verfügung stellen. Dabei hegen sie die Hoffnung, von diesen gemocht, gefördert, geliebt zu werden. Die Kraft dafür holen sie aus dem letzten Rest, der ihnen von der Selbst-Abspaltung geblieben ist.

Narziss erhebt sich und nimmt zwei Blumenkränze vom Stein am Wasser. Einen Kranz legt er Echo auf und gibt ihr den anderen. Echo steht auf und legt Narziss den zweiten Kranz auf den Kopf.

Narziss und Echo reichen sich die Hände, sprechen sich und uns zu:

Narzissten gibt es gar nicht. Sondern nur innerlich versehrte Geschöpfe. Nehmende und Gebende, die versuchen, sich selbst oder andere aufzufüllen, um so ihr eigenes Ganzsein zurückzuerlangen. Nur das würde ihnen das Gefühl zurückgeben, bedingungslos geliebt zu sein. Sie wissen unbewusst, dass dem so ist. Darum versuchen sie, sich oder andere mit allem aufzufüllen, was auf Erden vorhanden ist. Das sieht nach Liebe aus. Es reicht aber niemals aus, weil es alles nicht an das herankommt, was ureigentlich zu ihnen gehört, nämlich die eigene Essenz.

Dann sagt Narziss: Vergesst Narziss, vulnerabel oder grandios, negativ oder positiv. Sagt einfach Gebende und Nehmende. Das bringt es auf den Punkt und ermöglicht auch viel leichter Abhilfe.

Echo: Denn im Grunde geht es nur darum, die verlorene Essenz des Selbst wieder zurückzuholen, wieder Habende und Seiende zu werden.

Narziss: Ihr schaut so irritiert? Wollt ihr vielleicht doch in dem Leid bleiben, in der nie endenden Suche nach dem Menschen, der euch vervollkommnet? Wollt ihr weiter voneinander und der Erde, die euch trägt, wegnehmen, was ohnehin nie genug sein wird? Sollen weiter grandiose Führer ...

Besänftigend legt Echo Narziss die Hand auf die Schulter und sagt: Narziss, sie sind zu uns gekommen. In ihrer Welt, in ihrer Zeit kommt es vor, dass Menschen, die als Nehmende gelten, ihrem Therapeuten sagen: „Ich fühle mich so fragmentiert. Verstehen Sie, was ich sagen will?“ Und der Therapeut antwortet: „Nein.“ Sie suchen das Wieder-Ganzwerden und werden doch nicht verstanden. Darum haben sie weiter geforscht, gefunden und uns erlöst, um gemeinsam mit uns aus einer ungenutzten Quelle zu schöpfen, was ureigen zu uns gehört.

Wir haben keine Lust mehr, in dem Durcheinander zu leben, wenn es doch anders sein kann.

Echo: Wir können anders.

Narziss: Sein.

III. Durcheinander

1. Prolog

Einer von uns tritt hervor und sagt: Wir sind nicht irritiert, sondern dein „Moment, das geht mir zu schnell" klingt in uns nach.

Eine andere tritt hervor und sagt: Wir leben seit Anbeginn der Zeiten in dem Durcheinander, das durch den Verlust unserer Essenz entsteht. Wir versuchten mit weltlichen Mitteln aller Art, diesen Verlust zu kompensieren, weil wir unsere Verbindung mit dem Dahinter der Zeit nicht zu nutzen verstanden.

Ein dritter erhebt sich und sagt: Echo und du, ihr wart ideale mythische Metapher für Beschreibung und Aufrechterhaltung der Systeme, die wir kennen.

Der erste ergänzt: Wir möchten uns gerne gemeinsam mit euch von dem Durcheinander verabschieden, das uns so vertraut war.

Die andere ergänzt: Bevor wir beginnen, es anders zu versuchen.

Der dritte ergänzt: Das Durcheinander ist umfangreich. Wir könnten für alles, das uns so vertraut war, einen kleinen Stein ins Wasser werfen …

Der erste: … und stünden hier noch bei Sonnenaufgang.

Die zweite: Beschränken wir uns auf eine Handvoll. Fünf Boote.

Der dritte: Kleine trockene Blätter, die wir aufs Wasser setzen. Blätter als Boote – als Boten.

Eine vierte: Ihr seid mutig. Nehmenden ist das Bilderdenken fremd. Sollen auch sie verstehen, was hier geschieht, was wir sagen und tun, müssen wir schwarzweiß und in Zahlen sprechen.

Der erste: Nehmende können sehr wohl in Bildern denken. Sie lieben Metaphern, können das nur nicht so zeigen oder davon sprechen. Für manche haben Zahlen Farben.

Die zweite: Durch Bilder hindurch gelangt man zur Zahl.

Der dritte: Fünf Blätter als Boten. Die Fünf für die Zahlenmenschen, die Blätter für die, die Bilder mögen.

2. Allein

Wir nehmen Abschied von dem Schmerz, dass wir aus der bedingungslosen Liebe des Dahinters der Zeit auf diese Welt kamen, doch niemandem davon erzählen konnten, weil wir das Sprechen erst zu lernen hatten. Allein in unseren Augen stand dieses Wissen geschrieben, kurz nach der Geburt. Nur wer sieht das am Morgen unseres Lebens? Wichtiger ist doch, uns so schnell wie möglich abzumessen.

Mit offenen Armen lieferten wir uns aus, schutzlos und bedingungslos alles liebend, was uns hier erwartete. Weil wir nur diese eine Liebe kannten. Darum verstanden wir alles, was mit uns geschieht, als genau diese Liebe. Fürsorge und Nähe, Gewalt und Distanz. Wir sahen, wie sich die anderen verhalten, wie sie mit Kummer umgehen, mit Schmerz. Wir wagten uns vor, fügten selbst Schmerz und Kummer zu oder litten, trösteten, suchten, sehnten.

Wir lassen dies los und entscheiden uns für das ursprüngliche, ureigentliche Wissen und Fühlen, mit dem wir auf diese Welt kamen.

Narziss: Wie erging es dir, allein? Hier kannst du es dem ersten Blatt anvertrauen.

....

....

....

....

....

....

....

....

3. Partnerschaft

Wir lassen die Vorstellung ziehen, ein anderer Mensch könne unsere Untiefen auffüllen. Zwar kennen wir bislang nichts anderes als Mythos und Märchen, dass wir mit oder in einer anderen Person Erfüllung fänden. Wir lernen ja auch immer wieder Menschen kennen, von denen wir uns angezogen fühlen, mit denen wir zusammen sein wollen. Bis die gegenseitige Nähe die jeweiligen Untiefen zutage fördert.[1]

Dann wollen die einen unbedingt bleiben, um dem Gegenüber zu helfen. Sie wollen geben, geben und nochmals geben, was immer sie können. Die anderen wollen fliehen, weil sie diese Nähe nicht ertragen. Oder sie nehmen, nehmen und nehmen vom anderen, was immer sie bekommen können, und halten wie machtvolle Magier und phantasielose Phantome zugleich ihr Gegenüber zwischen Geborgenheit und Distanz, irritierend, *gaslightend,* verstörend.

Wir überlassen dies den Wellen und entscheiden uns für ein Ganzwerden, das natürliche, heilsame Nähe zuverlässig ermöglicht und fördert.

[1] Das hier Beschriebene gilt für Gesellschaften, in denen sich Menschen ihre Partner bzw. Partnerinnen selbst aussuchen können. Die Lesenden werden selbst ermessen können, wie sich das hier Beschriebene in anderen Kulturen verhält.

Narziss: Was erlebtest du Ent-Täuschendes in Partnerschaften? Füge es dem zweiten Blatt hinzu, wenn du magst.

4. Familie

Wir verabschieden uns von der Überzeugung, „narzisstische“ Eltern zu haben oder zu sein. Weil wir nun wissen, dass wir alle innerlich zerrissen sind, die Großeltern ebenso und immer weiter durch die Generationen zurück. Wir anerkennen, dass elterliches Tun und Lassen ursächlich mit diesen Untiefen zusammenhängt und dass überhaupt niemand in der Lage wäre, rund um die Uhr 100 Prozent bedingungslos liebend mit anderen umzugehen.

Vielleicht mussten wir als Kinder unseren Eltern (oder auch anderen Menschen) geben und geben. Wir taten das, weil wir ihre Bedürftigkeit spürten und weil wir noch so viel bedingungslose Liebe zur Verfügung hatten. Vielleicht beschlossen wir, Gebende zu bleiben, weil wir aus irgendwelchen Gründen über besondere Ressourcen verfügen. Vielleicht beschlossen wir aber auch, Nehmende zu werden. Oder wir versuchten und versuchen nach wie vor, beides zu sein.

Wir überlassen das dem Fluss der Zeiten und entscheiden uns für ein Miteinander mit Eltern, Ahnen, Kindern und Kindeskindern, das nimmt und gibt in liebender Balance.

Narziss: Was übersahen, überhörten, unterließen deine Eltern? Das dritte Blatt nimmt deine Erinnerungen auf.

5. Gesellschaft

Wir verneigen uns vergebend vor dem Desaster, das die gesellschaftlichen, wirtschaftlichen und politischen Systeme, in denen wir leben, in uns anrichten. Entstanden sind sie und aufrechterhalten werden sie durch unser verschlingendes Schein-Sein und unersättliches Haben-Wollen. Wenige von uns haben viel zu viel, viele viel zu wenig. Macht und Ohnmacht, Wohlstand und Armut, Möglichkeiten und Unmöglichkeiten.

Jubel und *Love-Bombing* für alle, die uns dienen. Dienen sie nicht so, wie wir dies wünschen, erfolgen Fallenlassen, Beschimpfung, Ignoranz. Manche wollen es „denen da oben" zeigen und rufen im selben Atemzug nach starken Führern, die ihnen Richtung und Ordnung versprechen. Doch führt beides nur in die Abgründe derer, die anderen jenseits jeglichen Verdienstes Macht versprechen, wenn sie nur der übergeordneten Macht Achtung erweisen[2].

Wir setzen das auf ein Blatt, das wankt, seine Ladung fast verliert, und entscheiden uns für nächstenliebendes Dasein.

[2] *Jenseits jeglichen Verdienstes wird die Macht demjenigen verliehen, der bereit ist, der übergeordneten Macht Achtung zu erweisen.* Primo Levi

Narziss: Was macht dir Sorgen mit Blick auf das, was in der Gesellschaft geschieht? Das vierte Blatt wird es sicher tragen.

....

....

....

....

....

....

....

....

....

....

....

....

6. Welt

Wir schicken den Wunsch auf Reisen, den Planeten Erde frucht- und bewohnbar zu halten für alle, die nach uns kommen. Dass jede und jeder verantwortlich gibt, nimmt und bewahrt. Damit verbinden wir die Hoffnung, dass die Gefangenen aus den Kellern der Despoten in Freiheit gelangen. Dass die Verliese der Welt, die nur den verlassenen Untiefen derer gleichen, die sie bauen ließen, sich öffnen, freigeben und vergehen.

Statt Menschenwürde und Gerechtigkeit anzuzweifeln oder zu verhandeln, wird beides zur Selbstverständlichkeit. Aber wir hören schon beim Aufsetzen des dürren Blattes aus der Ferne entrüstetes Rufen: Ihr träumt euch etwas zurecht. Wie ihr meint, denken wir im Stillen. An welcher Stelle des Baumes dieses Blatt zu Hause war, bleibt uns unbekannt. Was ursächlich zu uns gehört, können wir jederzeit nach Hause holen.

Wir entscheiden uns für heilsames Sein und Haben und dafür, bei uns anzufangen.

Narziss: Was möchtest du dereinst der Welt hinterlassen?

....

....

....

....

....

....

....

....

....

....

....

....

7. Wer Veränderung wagen wird

Geburtsrecht ist, heil und ganz und bedingungslos geliebt zu sein und darum wieder selbst bedingungslos lieben zu können. Aus dieser Liebe kommen wir und diese bei sich zu haben, wäre das gesunde Maß der viel beschworenen Selbstliebe. Dein Recht, Narziss, und das aller anderen ist darum, ihr Ureigenes wieder zurückzuholen.

Narziss: Auch wenn auf Erden ein Leben gemäß diesem Recht unmöglich scheint ... Ich habe schon damals geahnt, dass es anders gemeint ist und dass die Menschen es in der Hand haben, ob das gelingt.

Echo: Das gelingt.

Narziss: Wer beginnt? Die Gebenden oder die Nehmenden?

Die zweite sagt: Die Grandiosen, die wir Nehmende nennen, empfinden ihr Sein als positiv. Sie sehen wenig

Bild 13

bis gar keine Veranlassung, etwas bei sich zu verändern. Problematisch sind in ihrer Wahrnehmung die anderen. Diesen sagen sie *Du bist falsch*, und die Gebenden fragen sich *Was kann ich besser machen?*, so bleibt die Zufuhr erhalten, auf die Nehmende angewiesen sind.

Der erste sagt: Beginnen werden darum die Gebenden.

Der dritte sagt: Indem sie die fortwährende Versorgung der Nehmenden beenden.

Echo: Beginnen wird, wer Leid beenden will.

Narziss: Ich will beginnen.

IV. Creative Spiritual Care

1. Definition

Creative Spiritual Care ist kreative spirituelle Fürsorge, für sich selbst und für andere. Diese erfolgt durch die rationale, zugleich kreative Nutzung des Naturphänomens Intrasonanz.

Narziss: Noch ein neues Wort ...

Unser Bewusstsein benötigt neue Worte, weil sich diese anders mit den Worten verbinden können, die wir bereits kennen.

Narziss: Intrasonanz klingt nach Resonanz ...

Echo: Resonanz kennen die Menschen bereits, Intrasonanz haben sie vergessen.

Intrasonanz (von lateinisch *intra* „innerhalb“ und *sonare* „klingen“) ist das ausschließlich vertikale Hineinwirken der bedingungslosen Liebe (In-Energie) des Dahinters der Zeit in ein schwingfähiges System.

Narziss, plötzlich aufgeregt: Dieses schwingfähige System ... das sind wir! Das seid ihr, das bin ich, ist alle Kreatur. Und das Hineinwirken erfolgt vertikal durch diesen Kanal, der jeder Kreatur geburtsrechtlich zur Verfügung steht.

Echo, bestätigend: ... ja ... und im jeweiligen schwingfähigen System erfolgt dann durch das Hineinwirken der Austausch dort vorhandener, belastender Strukturen durch bedingungslose Liebe, die In-Energie.

Narziss: Das würde bedeuten, Verlust von Selbst wird rückgängig gemacht, weil bedingungslose Geliebtheit zurückkehrt, wo Angst sie vertrieb.

Ja. Aus diesem Grund kann abgespaltenes Selbst an seine ureigene, angestammte Stelle zurückkehren. Egal, wie lange es fort war.

Echo: Das verlorene Selbst weiß, an welche Stelle es gehört.

Bild 14

Narziss: Es kehrt zurück, weil wir das für uns entscheiden. Weil wir wieder wissen, dass wir ureigentlich bedingunglos geliebte Kreaturen sind. Egal, was uns auf dieser Erde geschehen ist oder noch geschehen wird.

Ja. Das Zurückkehren kann einfach so passieren, doch vor allem gezielt durch das Wort, das uns mit dem, was war, ist und sein wird, verbindet. Intrasonanz zu nutzen, ist Geburtsrecht und eine Lebenskunst.

Echo: Eine Lebenskunst.

2. Wirkung

Narziss, zusammenfassend: Die abgespaltenen Teile des ureigenen Selbst intrasonant nach Hause zu holen bedeutet, dass ich das Gefühl und das Wissen wiedererlange, bedingungslos geliebt zu sein.

Ja. Damit verbunden ist auch die Wiederherstellung des ebenfalls beschädigt gewesenen, angeborenen Gewissens. Dazu kommt: Dieses tatsächliche Anziehen der unversehrten Anteile ermöglicht dir umgehend, anders zu agieren und zu reagieren.

Narziss: Überholte, kindliche Strategien, mit denen ich als Erwachsener unterwegs war, verschwinden also samt ihren unsinnigen, energie- und kräftezehrenden Weiterentwicklungen?

Selbstverständlich. Mit Intrasonanz erlangst du energetische Souveränität, was dich seelisch stabiler und weniger anfällig für alltägliche Traumatisierungen macht. Dabei bleibst du in der Lage, nach wie vor abzuspalten, wenn das hilfreich ist – du kannst das Selbst ja wieder zurückholen.

Echo, der einst von Iuppiter der Mund verboten wurde, sagt: Bewusstsein entsteht, indem wir uns Geschichten erzählen. Wird Zeit, urquellend Heilsames zu denken und zu sprechen.

Bild 15

Intrasonanz lässt sich erfahrungsgemäß sehr gut mit Osteopathie, Yoga oder Körpercoaching verbinden.

Narziss: Was ihr alles erfunden habt ...

Kombiniert man Intrasonanz mit herkömmlichen Formen der Meditation, bei denen belastende Gedanken unberücksichtigt werden sollen, wäre zu beachten: Arbeit mit Intrasonanz ist im Kern eine eigenständige Form der Meditation, die von wenigen Sekunden bis zu Stunden durchgeführt werden kann und bei der belastende Gedanken aller Art erwünscht sind und auch hochgeholt werden, damit diese in Frieden gebracht werden können.

Narziss: Das bedeutet, die Leute müssen nicht mehr versuchen, nichts zu denken oder Gedanken vorüberziehen zu lassen. Sondern sie bringen elegant intrasonant frei und Frieden, was sie belastet.

Echo: Vertikal nach oben. Das ist wichtig.

Narziss: Loslassen par excellence ...

Echo: Loslassen in die Richtung, in der viel Platz ist und sich alles erlöst.

Narziss: Die Menschen werden das nicht glauben.

Echo: Die Menschen könnten sich mehr mit der Mystik der Physik beschäftigen.

Danke, liebe Echo. Intrasonanz zu nutzen, entspricht darüber hinaus der Wirkweise von Segen, der mit einer entsprechenden Absicht zugesprochen, zugedacht wird.

Narziss: Segen ...

3. Vorbereitung

Intrasonanz nutzt du durch dein Bewusstsein dafür, was ist und was sein soll. Du sprichst, was du möchtest, das in Frieden kommt, und dann geschieht das. Das ist möglich, weil dieser Frieden, die bedingungslose Geliebtheit, deine wahre Natur, dein Geburtsrecht ist. Du schaffst also nichts Neues, das nicht da wäre, sondern holst zurück, was ohnehin dein ist.

Narziss: Die in mir verbliebene Erschütterung gebe ich also frei und in Frieden – und der Frieden befindet sich im „Himmel über mir", in dem alles aufgehoben ist.

Ja. Du gibst das, um was es geht, immer direkt „nach oben" frei, in Richtung des Dahinters der Zeit. Nicht in Richtung deines Gegenübers – das ist sehr wichtig.

Narziss: Sonst würde ich anderen Belastendes zumuten. Also nach oben, alles klar. Sagt mal, um zu vermeiden, dass die Lesenden denken, es ginge hier nur um mich oder um Echo – dieses Freigeben, dieses Arbeiten mit Intrasonanz, das können alle für sich tun. Das gilt es noch mal klarzustellen.

Echo: Das können alle für sich tun. Das gilt es noch mal klarzustellen.

Das passt an dieser Stelle auch besonders gut. Denn: Bei der Arbeit mit Intrasonanz geht es nicht darum, „mehr zu schaffen", „besser zu sein" oder „mehr zu haben" als andere. Zu behaupten, man habe „es geschafft", ist außerdem ein mit Creative Spiritual Care bzw. Intrasonanz unvereinbares Denken. Ganzwerden ist Geburtsrecht jeder Kreatur.

Zu Creative Spiritual Care gehört vielmehr, sowohl das Gegenüber als auch sich selbst möglichst kontinuierlich in der eigentlich gemeinten vollkommenen Geliebtheit zu sehen und so auch miteinander umzugehen, egal, wie ganz man selbst oder der andere ist. Dies entspräche *Liebe deinen Nächsten wie dich selbst* und trüge dazu bei, weitere Abspaltungen zu verhindern.

Narziss: Das bedeutet, wenn ich an jemanden denke oder jemandem begegne, stelle ich ihn oder sie mir vor als dieses ganz und heil gemeinte Wesen, verbunden mit dem Dahinter der Zeit.

Echo: Stellst du dir dich zugleich ebenso vor, als dieses ganz und heil gemeinte Wesen, verbunden mit dem Dahinter der Zeit.

Narziss: Eigentlich sind wir noch so zerrissen, weil wir mit der intrasonanten Arbeit erst behutsam anfangen.

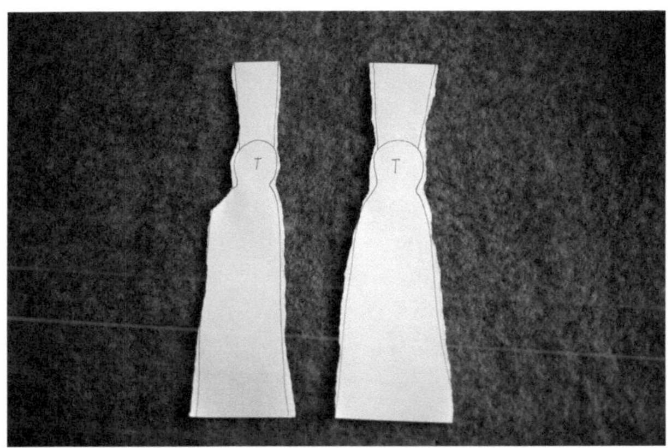

Bild 16

Doch man kann einander von der Vorstellung her schon anders begegnen.

Echo: Anders begegnen. Geliebt sehen.

Das ist ureigentlich segnen.

Narziss: Was ist mit konkreten Symptomen oder Sachverhalten, die ich intrasonant bearbeiten will?

Arbeitest du mit Intrasonanz bezüglich bestimmter Symptome oder Sachverhalte: Intrasonanz ist ein Kontinuum, bei dem immer nur im Mittelpunkt steht, was jetzt als Schutz überflüssig geworden ist. Was sich also erst in einem Monat zeigt, schützt dich bis dahin noch.

Narziss: Was mich belastet, schützt mich?

Lieber Narziss, alle inneren Fehlstellen hast du kunstvoll überbrückt durch neue Wege, Worte und Bilder. Man könnte auch sagen „durch neue Programmierungen“. Diese Konstrukte schützen dich in der Tat, halten dein inneres Gefüge halbwegs zusammen.

Intrasonant zu arbeiten bedeutet, nach und nach all das zu entwirren. Jedes Mal, wenn ein Seelenteil zurückkehrt, begibt es sich an seine ureigentlich gemeinte Stelle und die bisherigen Wege, Worte und Bilder, die als Überbrückung entstanden waren, verschwinden, so sie überflüssig geworden sind. Oder sie verbinden sich neu mit all dem, was noch vorhanden ist.

Narziss: Das klingt sehr kompliziert.

Echo: Das ist sehr einfach.

Narziss: Du verstehst das?

Echo: Sieh dich als Kunstwerk. Du warst wunderbar gemacht. Dann kam das Leben auf Erden und riss an dir herum. Du übermaltest, klebtest, kaschiertest den lieben langen Tag. Völlig unbewusst, ein heilloses Durcheinander. Jetzt siehst du dir das alles an und bringst nach und nach dein Sein und Haben wieder in den eigentlich gemeinten Urzustand. Ein ganzes Menschenkind, ohne Abspaltungen und ohne die Strukturen, die du gebildet hattest, um dein verbliebenes Selbst zusammenzuhalten.

Narziss: Aber wenn die Götter das verbieten? Wenn die Götter oder ein Gott sagen, dass das ihr oder sein Recht sei und nicht das Recht des Menschen?

Dass dies verboten sei, sagen Menschen. Das Dahinter der Zeit liebt bedingungslos.

Narziss: Aber es ist so viel, was mir abhanden kam!

Mit Intrasonanz kannst du, wenn du möchtest, rund um die Uhr arbeiten, ein „Zuviel" gibt es nicht. So, wie du bisher rund um die Uhr Seelenanteile verloren und unbewusst automatisch kompensiert hast, bringst du das

Erlebte nun bewusst in Frieden und holst deine Seelenanteile ohne Tamtam zurück.

Narziss: Aber wenn mir wieder Schlimmes passiert, was dann?

Zurückgeholte Anteile können durch erneute Erschütterungen verloren gehen, das stimmt. Doch Anteile werden generell immer nur dort abgespalten, wo es gerade energetisch am günstigsten ist. Durch die Arbeit mit Intrasonanz wird nun dein energetisches Gefüge immer stabiler und damit immer weniger anfällig für Abspaltungen.

Narziss: Mir schwirrt der Kopf. Genug Theorie, ich brauch jetzt Praxis, bitte. Mein Inneres sehnt sich nach mir.

Echo: Sehnt sich nach dir.

Sich selbst und das Gegenüber möglichst kontinuierlich in der eigentlich gemeinten vollkommenen Geliebtheit sehen und so auch miteinander umgehen: Welchen Menschen würdest du auf jeden Fall gerne so begegnen? Bei welchen Personen kannst du dir das überhaupt nicht vorstellen?

....

....

....

....

V. Gebrauchsanweisung

1. Formulierungen

Creative Spiritual Care arbeitet mit sehr präzisen Vorstellungen und Formulierungen, die zugleich sehr einfach sind. So ist es möglich, das komplexe interaktive Zusammenspiel von Unordnung und Fluktuation im menschlichen Bewusstsein intuitiv und kreativ sinnvoll zu verändern und heilsam zu befrieden.

Für die Arbeit mit Intrasonanz haben sich über die Jahre bestimmte Formulierungen als sanft, sicher und kraftvoll erwiesen. Dabei ist immer und ausschließlich in Richtung der vertikalen Verbindung deines Kronenreichs nach oben zu denken und freizugeben.

Die wichtigste Formulierung lautet: *Hiermit bringe ich in Frieden, was mir diesen Kummer, dieses Leid, dieses Gefühl verursacht. Ich bringe das vollständig in Frieden, sanft, in Balance und ohne Belastung. Das ist sicher für mich und alle freuen sich, danke.*

Narziss: Eine klare Ansage fürs Unbewusstsein, damit es genau weiß, was zu tun ist. Doch ich glaube, ich muss das noch mal hören, um es mir merken zu können.

Echo: Ich wiederhole es Stück für Stück für dich und ergänze jeweils, was damit gemeint ist.

Narziss: Gut. Fang an.

Echo sagt:

Hiermit bedeutet, dass etwas Bestimmtes im Jetzt, also im gegenwärtigen Augenblick, getan wird.

Gebe meint bewusstes Loslassen.

Ich benennt, wer dies tut.

Frei besagt, eine Belastung aus dem jeweiligen System loszulassen.

In Frieden heißt, die Belastung über den vertikalen Kanal nach oben in Richtung des Dahinters der Zeit steigen zu lassen.

Sanft meint, dass all das ohne inneres Gerüttel geschieht.

In Balance beschreibt, dass dein System mit der dadurch ausgelösten Veränderung des inneren Gefüges heilsam umgehen kann.

*Das ist sicher für mic*h besagt, dass dieser Loslass- und Rückholprozess ausschließlich positive Auswirkungen für dich hat.

Und alle freuen sich betrifft die Tatsache, dass du unbewusst glauben könntest, jemand hätte etwas dagegen, dass du diese Arbeit machst. Du legst jedoch fest, dass das nun anders ist.

Danke ersetzt, denke ich, das Wort „Amen“.

Ja, diese Zustimmungsformel zu einem Gebet oder Segen wäre eigentlich die passendere für das, was da geschieht. Allerdings ist der Begriff in den Unbewusstseins vieler Menschen (noch) zu sehr mit fest definierten religiösen Inhalten verknüpft, die für die Arbeit mit Intrasonanz hinderlich sein können, ohne dass die jeweilige Person das möchte. Darum eignet sich das leichte Wort „Danke" besser.

Narziss: Indem ich also diese Aussagen treffe, sage ich in Verbindung mit dem Dahinter der Zeit, dass dies alles so geschieht.

Gemäß „Bitte, so wird dir gegeben".

Die Aussagen haben sich in der Praxis bewährt, was bedeutet, dass es nach der Arbeit weder zu Kopfschmerzen noch zu Müdigkeit oder ähnlichen Symptomen kommt, wie das bei anderen Formen energetischer Arbeit der Fall sein kann.

Narziss: Ich könnte mir vorstellen, dass es Menschen gibt, die das zu einfach finden als Erlösung für all das Schlimme, das in ihnen schlummert.

Was in ihnen schlummert oder sie innerlich peinigt, kam in ihrem Leben einfach so in ihr Bewusstsein, als Kompensation für das, was sie verloren hatten. Viele halten gerne an den Kompensationen fest, weil sie es als einfacher empfinden, mit diesem Wust zu leben, als ihn nach und nach freizugeben.

Echo: Die Nehmenden halten daran stärker fest als die Gebenden.

Narziss: Doch alle können sich selbstverständlich heilsam verändern.

Echo: Sich heilsam verändern und dadurch auch andere.

Selbstverständnis

- *Wenn etwas, das im Folgenden beschrieben wird, bei dir nicht funktioniert, sage mit vertikalem Bewusstsein: Hiermit gebe ich frei und in Frieden, was mich daran hindert, mit Intrasonanz arbeiten zu können. Ich gebe das alles frei, sanft, in Balance und ohne Belastung, das ist sicher für mich und alle freuen sich.*

- Bleib kontinuierlich dran. Menschen können innerlich so verheddert sein, dass es für sie zunächst unmöglich scheint, mit Intrasonanz arbeiten zu können. Sehr bald wird es jedoch möglich sein.

- Du bist ein bedingungslos geliebter Mensch und hast das Recht, das zu können. Was dich daran hindert, kann gehen. Falls das viel ist, gibst du es einfach nach und nach frei, wie oben beschrieben.

- Bitte vor, während und nach all dieser im Folgenden beschriebenen Arbeit ausreichend Wasser trinken.

- Liest du nur, ohne auszuprobieren, was hier steht, kann es sein, dass sich dein Kopf mit der Zeit schwer anfühlt. Das liegt daran, dass dein (Un) Bewusstsein mitmachen möchte. Schließlich erinnert sich dein Sein und Haben an das Geburtsrecht, heil und ganz zu sein. Kleiner Tipp: Probiere wenigstens das mit der ureigenen Ausrichtung mal aus. Du kannst dabei nichts falsch machen.

2. Ureigene Ausrichtung

Die ureigene Ausrichtung ist das Erste, mit dem du die Arbeit mit Intrasonanz überhaupt beginnst. Sinn und Zweck ist, dich vor dem Zurückholen von verlorenen Anteilen zu vergewissern, dass du in deiner ureigenen Ausrichtung bist. Denn nur in dieser finden die Anteile sicher ihren Platz wieder. Viele Menschen sind nämlich *incurvatus in se* (lat. in sich verdreht).

Wichtige Hinweise

- So mit sich zu arbeiten, wie du das in diesem Kapitel erfahren wirst, ist für viele Menschen sehr ungewöhnlich, vielleicht auch unheimlich. Das liegt an dem, was du in deinem Leben darüber gelernt hast, was du selbst tun dürftest.

- Du hast gelernt, dass andere Menschen mit dir sehr viel machen dürfen. Du hast gelernt zu leiden und das normal zu finden. Sich bleibendes Wohlgefühl zu schaffen, ein Glück, das währt, haben wir Menschen nicht gelernt und denken auch, das sei unmöglich.

- Wir denken das jedoch nur, weil aufgrund unserer Versehrtheit kein Glück der Welt bei uns bleiben kann, sondern ausgesaugt in unseren verschlingenden Tiefen verschwindet. Je mehr Selbst du also zurückholst, desto mehr wirst du merken, wie Glück einfach so da ist.

Eine Verdrehung kann durch besondere Erschütterungen, das plötzliche Verlieren sehr großer Anteile des Selbst oder kontinuierlichen Verlust geschehen.

Zum Geburtsrecht gehört, ohne eine solche Verdrehung auf- und ausgerichtet, also in der ureigenen Ausrichtung zu sein. Mit einer einfachen Übung bekommst du heraus, ob das bei dir der Fall ist. Eine eventuelle Verdrehung kannst du anschließend selbst rückgängig machen.

Also beginnen wir jetzt.

Narziss: Entschuldigung, doch nach dieser langen Zeit als öffentliche Person hätte ich für diese Arbeit jetzt doch bitte gerne eine gewisse Privatsphäre. Wie wollen wir es machen? Ich bleibe hier mit zweien, die sich bereits mit der Herangehensweise auskennen, am Wasser und die Lesenden begeben sich mit den anderen und der Gebrauchsanweisung in den Wald? Oder umgekehrt?

Echo: Geh du mit zweien in den Wald, zu der Lichtung, auf der ich als Stein lag. Du wirst den Ort erkennen. Ich bleibe mit den anderen beiden und den Lesenden hier am Ufer.

Die vierte sagt zum dritten: Lass uns mit Narziss gehen.

Der erste sagt zur zweiten: Wir bleiben bei Echo und begleiten die Lesenden.

Narziss, mit dem Blumenrund auf dem Kronenreich, nimmt vier der Kränze, die noch auf dem Stein am Wasser liegen, legt sie den Begleitenden auf den Kopf und sagt: Zwar benötigt niemand für diese Arbeit Blumenschmuck. Sich hin und wieder daran zu erinnern, dass der Mensch mit seinem Leben und Vergehen der Blume gleicht, scheint mir jedoch hilfreich.

Narziss: Wir gehen nun. Habt eine gute Zeit am Wasser.

Echo: Habt eine gute Zeit in der Kühle des Waldes.

Wir sehen Narziss und den zwei Begleitenden nach, bis nur noch das Dunkel des Waldes zu sehen ist.

Echo und die anderen bleiben bei dir.

Ah so.

Du möchtest lieber ohne Zuschauer beginnen?

Du möchtest, dass Echo bei dir bleibt, doch die beiden anderen sollen gehen?

Du würdest lieber Narziss heimlich folgen und erst mal schauen, was er auf der Lichtung erlebt?

Dann findest du nun bis zum Schluss dieses Kapitels kompakt alles, was benötigt wird, um ganz allein mit Creative Spiritual Care beginnen zu können. Echos Kommentare (und die der anderen) sind für diejenigen, die Echo (und/oder die anderen) bei dieser Arbeit dabeihaben möchten. Narziss hinterhergehen – das kannst du machen, allerdings arbeitet er dort genau wie hier beschrieben.

Stell dich nun irgendwo hin, aufrecht, aber nicht starr. Deine Füße stehen hüftweit auseinander.

Du schaust geradeaus, fixierst jedoch keinen Gegenstand, dein Blickfeld ist frei von Ablenkung.

Schwanke nun langsam bewusst nach vorne, nach hinten, zur linken Seite, zur rechten Seite. Dein Körper bleibt dabei insgesamt gerade.

Bei diesem Schwanken gibst du deinem Körper bewusst den Impuls, in die eine oder andere Richtung zu schwanken.

Komm nun wieder zur Ruhe und denke an etwas besonders Schlimmes. Krieg, Leid, Folter, Not. Wohin schwankt dein Körper plötzlich automatisch, ohne dass du ihm dafür einen bewussten Impuls gibst?

Dieser unbewusste Impuls kann schwach, aber auch sehr stark sein. Sehr selten bleibt ein Mensch tatsächlich ohne so einen Impuls[3].

Stelle dir nun etwas besonders Schönes vor. Urlaub, Freunde, eine Blumenwiese, was du alles gerne magst. Auch hier: Wohin schwankt dein Körper automatisch? Schwankt dein Körper beim Schönen nach vorne und beim Schrecklichen nach hinten – wunderbar. Dann bist du dem Schrecklichen ab- und dem Schönen zugeneigt.

So soll das sein.

Schwankt dein Körper beim Schrecklichen nach vorne und beim Schönen nach hinten, bist du verdreht.

Die zweite sagt: Die Erfahrung zeigt, dass verdrehte Menschen in ihrem Leben viel Leid erlebt haben oder

Bild 17

[3] Sollte das bei dir der Fall sein, dann sage mit dem Bewusstsein, dass das, was jetzt passiert, vertikal passiert: *Hiermit gebe ich frei und in Frieden, was mich daran hindert, diesen Seelenimpuls zu spüren. Ich gebe all das frei und in Frieden sanft, in Balance und ohne Belastung, das ist sicher für mich und alle freuen sich, danke.* Versuche es dann noch mal mit dem unbewussten Impuls.

oft das Gefühl hatten, etwas in ihrem Leben laufe „nicht richtig".

Um dich zu entdrehen, sagst du:

Ich bitte darum, dass ich wieder in meiner ureigenen Ausrichtung bin.

Achte auf den umgehenden, quasi automatischen Schwankimpuls deines Körpers, deines Seins. Es sollte ein Impuls nach vorne kommen, das kann auch ein ganz kleiner sein.

Stell dir dann das Schreckliche und das Schlimme noch mal vor. Wohin schwankst du jeweils jetzt?

Der erste sagt: Bei fast allen Menschen genügt das Aussprechen dieser Bitte und sie sind wieder ureigen ausgerichtet, was bedeutet, beim Schrecklichen nach hinten und beim Schönen nach vorne zu schwanken[4].

Verdreht zu sein – also Schreckliches: vor, Schönes: zurück – hat nichts damit zu tun, dass ein Mensch besser oder schlechter wäre als ein anderer. Es hat lediglich mit dem zu tun, was einem im Leben begegnet ist und wie man darauf reagiert hat.

Durch das Wiederherstellen der ureigenen Ausrichtung reaktivierst du deinen „inneren Kompass". Du erhältst deine Fähigkeit zurück, in deiner Mitte zu sein, Balance und somit auch das ideale Maß gesunder Selbstliebe zu leben.

Oft ist Verdrehtsein Folge einer Traumatisierung, die lange zurückliegt. Das körpereigene System hat sich dann an den Zustand gewöhnt und sieht ihn als „Normalzustand" an, in den er zunächst immer wieder zurückdreht. Denn dein Körper möchte immer Energie sparen – und jede Veränderung kostet zunächst Energie.

[4] Sollte das bei dir nicht der Fall sein, dann sage mit dem Bewusstsein, dass das, was jetzt passiert, vertikal passiert: *Hiermit gebe ich frei und in Frieden, was mich daran hindert, wieder in meiner ureigenen Ausrichtung zu sein. Ich gebe all das frei und in Frieden, sanft, in Balance und ohne Belastung, das ist sicher für mich und alle freuen sich, danke.* Versuche es dann noch mal mit dem Satz.

Spüre darum immer wieder seelenschwankend, ob die ureigene Ausrichtung noch stimmt, und justiere gegebenenfalls nach. Dadurch „lernt" dein System mit der Zeit, dass die ureigene Ausrichtung viel mehr Energie spart – und behält diese dann bei.

Dreh- und Angelpunkt

- In diesem Seelenschwanken – Schönes: nach vorne, Schreckliches: nach hinten – zeigt sich die Wirkweise der Intrasonanz deutlich sichtbar im Außen. Das ist deine Verbindung mit dem, woher du kommst und was dich bedingungslos liebt.

- Nur in diesem geerdeten Sein und Haben findest du seelenschwankend heraus, was zu dir gehört: Nach vorne (Zustimmung zu Lebensbejahendem) entspricht der Impuls einer Bejahung, nach hinten (Abkehr von Lebensverneinendem) ist der Impuls eine Verneinung.

- Nur in dieser ureigenen Ausrichtung ist das Infriedenbringen innerer Versehrtheit durch bzw. mit Intrasonanz überhaupt sinnvoll und möglich[5]. Darum geht die Selbstversicherung, in dieser Ausrichtung zu sein, aller intrasonanten Arbeit voraus.

- Unabhängig von konkreter Arbeit mit Intrasonanz sollte dies die Haltung sein, mit der eine Kreatur durchs Leben geht. Die ureigene Ausrichtung gehört zum Geburtsrecht.

[5]Hinweis an Theologen: Diese Auf- und Ausrichtung und das, was dadurch intrasonant möglich wird, ist das, was mit „Richten" gemeint ist.

Verbindung zur Leichtigkeit

- Mit diesem Schwanken hast du dir deinen Kronenbereich vollständig wieder zurückgeholt. In deiner ureigenen Ausrichtung bist du wieder zu 100 Prozent mit dem Dahinter der Zeit verbunden und geerdet.

- Wann immer du mit Intrasonanz arbeitest: Mit dieser Vergewisserung, in deiner ureigenen Ausrichtung zu sein, beginnst du.

- Teste dies auch einfach so mehrfach am Tag. Die Durchlässigkeit deines Körpers für den anfänglich eventuell ungewohnten Schwankimpuls wird so immer klarer werden.

Echo sagt: Du kennst deinen Tagesablauf am besten. In welchen alltäglichen Situationen könntest du diese Übung mit der ureigenen Ausrichtung durchführen?

Zum Beispiel beim Zähneputzen, beim Stehen in Bus und Bahn oder an der Supermarktkasse, morgens nach dem Aufstehen … Notiere hier Gelegenheiten.

....

....

....

....

3. Nurduselbstsein

Für den nächsten Schritt ist es wichtig, dass du zunächst in deiner ureigenen Ausrichtung bist, wie eben beschrieben.

Erst dann beginnst du mit dem nachfolgenden Schritt. Du stehst weiter aufrecht und sagst:
Ich bin nur[6] (dein Vorname).

Schwankst du auf diese Aussage hin nach vorne, entspricht das dem Lebensförderlichen und ist darum eine Bejahung.

Schwankst du nach hinten, entspricht das dem Lebenshinderlichen und ist eine Verneinung. Sage dann:
Ich bitte darum, dass ich wieder nur ich selbst bin.

Der erste sagt: Diese Bitte genügt aufgrund der Tatsache, dass du ein bedingungslos geliebtes Wesen des Dahinters der Zeit bist.

Bild 18

[6] Das „nur" irritiert erfahrungsgemäß viele Menschen. Statt einer „Demutsgeste" ist jedoch gemeint, dass du nur du selbst, also niemand anderes bist. Energetisch kann es nämlich leicht passieren, dass andere mit in deinem System sind.

Heilsam im Alltag

- Das Nurduselbstsein entspricht deiner wieder aufgerichteten Grundstruktur. In diese kannst du nun deine verlorenen Anteile zurückholen. Als wärest du ein zerbrochener Leuchtturm am Strand gewesen, der nun wenigstens in seiner Grundform wieder aufgerichtet wurde. Noch fehlen Räume, Fenster, Türen, Wendeltreppe und ihre einzelnen Stufen, das Mobiliar und vieles mehr. Doch der Turm an sich ist wieder zu erkennen.

- Wann immer du mit Intrasonanz arbeitest: Die Vergewisserung, nur du selbst zu sein, ist der zwingend notwendige zweite Schritt.

- Frage dich vor allem nach heftigen Auseinandersetzungen mit anderen Menschen, ob du nur du selbst bist, und hole dich gegebenenfalls wieder in dich zurück. So wirst du umgehend ruhiger, gefasster und stabiler.

- Der erste und zweite Schritt, also die ureigene Ausrichtung und das Nurduselbstsein, sind auch außerhalb konkreter Arbeit mit Intrasonanz ideale Übungen für kleine Aufrichtungspausen zwischendurch.

Sage bzw. frage[7] nun nochmals: *Ich bin nur* (dein Vorname). Wieder solltest du eine Bejahung bekommen[8].

Der Zweite Schritt zu Beginn intrasonanter Arbeit ist immer dieses Nachspüren, ob du nur du selbst bist. Justiere gegebenenfalls nach. Dadurch „lernt“ dein System mit der Zeit, dein Nurduselbstsein wieder als das ursprüngliche anzunehmen.

Die zweite sagt: Auch hier sorgt das für den Rückbau der wiedererlangten Grundstruktur aufgewendete Mehr an alltäglicher Energie für die Erkenntnis des Systems, dass das Nurduselbstsein *viel weniger* Energie erfordert.

Die Frage danach, ob du nur du selbst bist, kannst du jederzeit in alle möglichen Alltagsmomente und -tätigkeiten einbauen, die du im Stehen ausübst.

Der erste sagt: Typisch für nehmende Personen ist, dass sie sehr stabil immer sie selbst sind. Bist du eher eine gebende Person, kann es sein, dass du anfangs häufig nicht mehr du selbst bist. Hier ist Platz zum Notieren, nach welchen Situationen du feststellst, dass du plötzlich nicht mehr du selbst bist.

Echo sagt: Vielleicht wirst du das erst nach einigen Wochen feststellen. Lass dir darum Zeit fürs Ausfüllen dieser Zeilen.

....

....

....

....

[7] Sagen und fragen ist bei der Arbeit mit Intrasonanz eins.

[8] Sollte das bei dir nicht der Fall sein, dann sage mit der vertikalen Bewusstheit: *Hiermit gebe ich frei und in Frieden, was mich daran hindert, nur ich selbst zu sein. Ich gebe all das sanft, in Balance und ohne Belastung frei und in Frieden, das ist sicher für mich und alle freuen sich, danke.* Versuche es dann noch mal mit der Bitte darum, nur du selbst zu sein.

4. Ohne Fragen arbeiten

Sich nun selbst Fragen zu stellen und diese vom Unbewusstsein, der Intuition und in Verbindung mit dem Dahinter der Zeit durch das Seelenschwanken beantworten zu lassen, ist für dich eventuell ungewohnt.

Darum kann der nachfolgende Text hilfreich sein. Hier kommst du ohne Fragen aus, kannst das Seelenschwanken mit hinzunehmen, musst es aber nicht.
Das bedeutet: Den nachfolgenden kursiv gedruckten Text kannst du einfach ohne Seelenschwanken sagen, im Bewusstsein der Verbundenheit mit dem Dahinter der Zeit und nach oben freigebend. Oder du sprichst ihn im Stehen und holst dir bei jeder Aussage eine Bejahung ab.

Der erste sagt: Tatsächlich ist es unerheblich, ob du diesen Text mit oder ohne Seelenschwanken sprichst.

Die zweite sagt: Du bist ein freies Geschöpf des Dahinters der Zeit.

Routine genießen

- Mit dem nachfolgenden Text kannst du anfangen, intrasonant zu arbeiten und zugleich mit dem Seelenschwanken vertrauter werden.
- Du kannst den Text immer dann sprechen, wenn dir danach zumute ist. Weder gibt es ein Zuwenig, noch ein Zuviel.
- Bevor du solche Texte wie den nachfolgenden sprichst, vergewissere dich bitte, dass du in deiner ureigenen Ausrichtung und nur du selbst bist.

Ich gebe jetzt sanft, in Balance und ohne Belastung alles frei und in Frieden, was jetzt gehen kann und will und was mich daran hindert,

das ständige Geben in Richtung von (Person xyz) zu beenden

glücklich/gelassen/entspannt/... zu sein;

diese Aufgabe (evtl. konkret nennen) wunderbar/zu meiner vollsten Zufriedenheit/ganz einfach (beliebig ergänzen oder ändern) zu erledigen;

diese Angst loszulassen;

dieses Glas Wein stehen zu lassen;

einen Spaziergang zu machen;

... (weitere Anliegen frei formulieren);

und ich gebe auch sanft, in Balance und ohne Belastung alles frei, was mich daran hindert, das frei und in Frieden zu geben, was jetzt gehen kann und will. Und ich rufe all das zu mir zurück, was vom Ursprung her zu mir gehört und was jetzt zu mir zurückkehren kann, um mich bei meinen Vorhaben zu unterstützen. All dies ist sicher für mich und alle freuen sich, danke.

Sprichst du den Text im Stehen und seelenschwankend, wirst du bei jeder Aussage eine Bejahung erhalten. Solltest du während des Sprechens irgendwo eine Verneinung erhalten, sag: *Hiermit gebe ich frei und in Frieden, was mich daran hindert, auf diese Aussage eine Bejahung zu erhalten. Ich gebe all das sanft, in Balance und ohne Belastung frei und in Frieden, das ist sicher für mich und alle freuen sich, danke.*

Versuche es dann noch einmal mit der Aussage.

Variante: mit Visualisieren

Du kannst auch mit inneren Bildern arbeiten. Stell dir vor, wie das aussieht, was dich gegenwärtig quält oder bedrückt. Sei frei beim Hochsteigenlassen der Bilder.

Stell dir dann vor, wie es besser aussehen sollte. Beispielsweise fühlst du dich wie in einem zerstörten Haus, das gleich zusammenfallen wird. Du möchtest dort hinaus. Visualisiere also, wohin du gehen möchtest. Auf eine Wiese? Stell dir vor, den ersten Schritt hinauszugehen.

Fällt dir das schwer, sagst du:
Hiermit gebe ich frei und in Frieden, was mich daran hindert, diesen Schritt hinaus auf diese wunderbare Wiese zu gehen. Ich gebe all das frei und in Frieden, sanft, in Balance und ohne Belastung, das ist sicher für mich, und alle freuen sich, danke.

Spür dann, ob du in deiner Visualisierung diesen Schritt gehen und auch weitere gehen kannst. Alles, was dich daran hindert, innere Wege in heilsame Welten zu gehen, kannst du nach und nach frei und in Frieden bringen. Immer wieder, wenn dir danach ist.

Echo sagt: Was du freigibst, ist stets das, was jetzt gehen kann. Alles andere schützt dich noch und wird schon noch innerlich anklopfen, wenn es hinaus möchte in den Frieden.

Sanft anfangen

- Nimm dir am Anfang kleine Dinge vor, denn dein Unbewusstsein ist daran gewöhnt, auf eine bestimmte Art und Weise zu denken. Auf diese neuen, ganz ungewohnten Informationen muss sich dein Unbewusstsein zunächst einstellen.

- Bedenke bitte, dass intrasonante Arbeit ein Kontinuum ist. Also keine Pille, die man einmal nimmt und alles ist gut. Sondern du begegnest dem permanenten Alltag mit seinen Verletzungen mit einer möglichst ebenso permanenten energetischen Entgiftung *(Energy Detox)*, die Creative Spiritual Care ermöglicht.

- Da du mit Intrasonanz so oft und so lange arbeiten kannst, wie du möchtest, kannst du mit jedem intrasonanten Tun mehrere verlorene Anteile deines Selbst auf einmal zurückholen, Glaubenssätze und Neinprogramme himmeln sowie Muster und Strukturen heilsam neu ordnen.

5. Segnen

Damit möglichst viele Menschen von Creative Spiritual Care profitieren können, auch wenn sie selbst nicht so arbeiten, kannst du intrasonant segnen.

Das bedeutet zum Beispiel, dass du nur innerlich denkst oder auch hörbar sprichst *Friede sei mit dir* oder auch *Du bist gesegnet.*

Das denkst oder sagst du einer oder mehreren Personen gegenüber im Bewusstsein, dass durch deinen Segensspruch mit vertikaler Wirkung: Alle *geerbten und erworbenen Belastungen, die jetzt gehen können und wollen, in Frieden gebracht werden; sanft, in Balance und ohne Belastung, sicher und so, dass sich alle freuen.*

Dies wird bei dem von dir gesegneten Gegenüber dann geschehen.

Traust du dich nicht, jemand anderen zu segnen, dann kannst du für dich sagen: *Hiermit gebe ich alles frei und in Frieden, was mich daran hindert zu glauben und zu wissen, dass ich segnen kann und darf und soll. Ich gebe das alles frei, sanft, in Balance und ohne Belastung, das ist sicher für mich, und alle freuen sich.*

Denn was du denkst, wenn du einem anderen Menschen begegnest, ist dir anzuspüren und entscheidet mit über die Atmosphäre zwischen euch.

Vielleicht ist das für dich gegenwärtig noch eine seltsame Vorstellung, aber nimm einfach mal an, du würdest deine Eltern so segnen. Also du deine Eltern, nicht umgekehrt. Als ihr Kind kannst du dir gewiss sein, dass deine Eltern auch dich segnen würden, weil sie dich lieben. Auch wenn sie sich vielleicht so benehmen, dass du denkst, sie würden dich hassen.

Du weißt ja bereits, dass sie wie alle anderen Menschen innen ebenfalls so zerrissen sind. Bringst du deine Themen in Frieden, wird sich das Miteinander mit deinen Eltern verändern – und dann kann es geschehen, dass sich euer belastetes Verhältnis klärt und in Frieden kommt.

Das gilt auch für das Miteinander mit anderen Menschen, Gebenden wie Nehmenden. Zwar kann es durchaus sein, dass andere Menschen – vor allem Nehmende – gereizt auf so unsichtbar liebendes Gegenüber re-

Gleiche Rechte und Frieden

- Trittst du Menschen intrasonant segnend gegenüber, tust du dies im Bewusstsein der bedingungslosen Geliebtheit aller Menschen, die heil und ganz macht. Du bist deswegen jedoch nicht „besser" als die anderen.

- Du siehst einfach mit einem anderen Blick auf alle Kreatur: Alle sind vom Dahinter der Zeit zu 100 Prozent bedingungslos geliebt. Alle haben das Geburtsrecht, heil und ganz zu sein. Dazu gehört auch das Recht, von allen anderen im waagerechten Miteinander auf Erden so gesehen und behandelt zu werden.

- Wer im Krieg ist mit sich selbst, der wird auch Krieg mit der Welt führen. Das Dahinter der Zeit macht jedoch den Frieden nicht, es ist Frieden. Unfrieden zwischen Menschen machen nur Menschen.

- Intrasonanz bringt den Frieden, das bedeutet: die Ganzheit in die Menschen. Von dort kann sich der Frieden wie von selbst ausbreiten.

agieren. Doch das ist, mit Verlaub, deren „Baustelle" – nicht deine. Bleib du einfach – nötigenfalls mit etwas oder auch mit etwas mehr Abstand – in deinem segnenden Tun wie stetes, fließendes Wasser, das bekanntlich Steine höhlt (oder auch erlöst).

Segnen meint also vor allem eine generelle innere Haltung gegenüber anderen Menschen.

Echo fragt: Wen würdest du gerne sofort intrasonant segnen?

....

....

Bei wem würde dir das sehr schwer fallen?

....

....

Wer soll deiner Meinung nach ohne Segen bleiben – und warum?

....

....

Welchen Sinn hätte das?

6. Mit Fragen arbeiten

Möchtest du nach dem Nurduselbstsein weiter mit Fragenstellen bzw. Aussagentreffen und Seelenschwanken arbeiten, bekommst du hier etwas an die Hand, mit dem du ebenfalls zügig dein verlorenes Selbst zurückholen kannst.

In Räumen sein

Hier geht es zunächst um sieben große Bereiche bzw. Fähigkeiten, die wir zumeist, wenn überhaupt, nur noch in Teilen besitzen. Das sind die Bereiche Potenzial, Kraft, Energie, Gefühl, Vertrauen, gesunde Abgrenzung und eigene Wahrnehmung.

Potenzial meint, alles bei dir zu haben, um das leben zu können, wofür du eigentlich geboren wurdest, und Besseres.

Kraft heißt, alles bei dir zu haben, um das, wofür du eigentlich hier bist, umsetzen zu können, und Besseres.

Energie bedeutet, alles bei dir zu haben, was du zum kontinuierlichen Aufladen an der Quelle des Dahinters der Zeit benötigst, und Besseres.

Gefühl steht dafür, dass du das, was mit dir geschieht, wieder spüren kannst, wahrnehmen kannst, was um dich herum geschieht, und Besseres.

Vertrauen ist das Urvertrauen, das dir abhanden kam.

Gesunde Abgrenzung ist die Fähigkeit, dich energetisch von anderen Menschen und Sachverhalten abgrenzen zu können, um energetische Souveränität zu erreichen – vor allem gegenüber Nehmenden.

Eigene Wahrnehmung ist und meint, dass du in der Lage bist, dein Erlebtes von dem anderer unterscheiden zu können.

Diese sieben Bereiche haben sich als große „Bausteine für den Leuchtturm" erwiesen, der du eigentlich bist und den du bei der Arbeit mit Intrasonanz nach und nach wieder mit allem bestückst, was dort, also in dich, Ureigenes hineingehört.

Der erste sagt: Dein Unbewusstsein weiß, was es bedeuten würde, zu 100 Prozent in dem jeweiligen Bereich zu sein und diesen auch zu nutzen.

Die zweite sagt: Darum weiß dein Unbewusstsein auch, wie viel dieser 100 Prozent dir noch zur Verfügung stehen oder ob du eventuell Prozente von anderen übernommen hast.

Wie gesagt, es geht darum zu erfahren, ob du in diesen Bereichen bist. Bleiben wir beim Bild des Leuchtturms als Seelenhaus, würde es mit dieser Arbeit darum gehen, ganze Räume, die zerborsten waren, wieder herzurichten. Erst danach ist es sinnvoll, sie wieder einzurichten.

Die Arbeit, die nun vor uns liegt, kann, wenn man es darauf anlegt, sehr viel Zeit in Anspruch nehmen. Ich schreibe dir hier die kurze Variante auf. Bitte vergewissere dich vorher deiner ureigenen Ausrichtung und deines Nurduselbstseins. Anschließend sagst du:

Ich bin zu 100 Prozent in meinem Potenzial, meiner Kraft, meiner Energie, meinem Vertrauen, meinem Gefühl, meiner gesunden Abgrenzung und meiner eigenen Wahrnehmung.

Lass dabei deine Seele mitschwanken. Das Nachhintenschwanken wird dir genau aufzeigen, in welchem Bereich du nicht zu 100 Prozent bist. Solltest du bei allen genannten Begriffen eine Verneinung erhalten, keine Panik. Denn du machst diese Arbeit ja, damit sich das ändert.

Nun könntest du in mühevoller Kleinarbeit und kontinuierlichem Seelenschwanken erfragen, zu wie viel Prozent du in welchem Bereich noch bist oder auch, wodurch und wann dir die Prozente abhandenkamen. Dein Unbewusstsein weiß das alles.

Du könntest auch ebenso aufwendig eines nach dem anderen bearbeiten. Einfacher ist zu sagen:

Hiermit gebe ich alles frei, was mich daran hindert, zu 100 Prozent in meinem Potenzial, meiner Kraft, meiner Energie, meinem Vertrauen, meinem Gefühl, meiner gesunden Abgrenzung und meiner eigenen Wahrnehmung zu sein. Ich gebe außerdem sanft, in Balance und ohne Belastung alles frei, was mich daran hindert, das frei und in Frieden zu geben, was jetzt gehen kann und will. Und ich rufe all das zu mir zurück, was vom Ursprung her zu mir gehört und was jetzt zu mir zurückkehren kann, um mich bei meinen Vorhaben zu unterstützen. All dies ist sicher für mich und alle freuen sich, danke.

Während du das sagst, achte auf das Seelenschwanken. Erhältst du beim Sprechen ausschließlich Impulse nach vorne, ist das wunderbar. Dann kannst du anschließend nämlich prüfen, ob die Sache erledigt ist und fragst erneut:

Ich bin zu 100 Prozent in meinem Potenzial, meiner Kraft, meiner Energie, meinem Vertrauen, meinem Gefühl, meiner gesunden Abgrenzung und meiner eigenen Wahrnehmung.

Erhältst du beim Sprechen ausschließlich Impulse nach vorne, sind alle diese Räume bereits wiederhergestellt. Das bedeutet jedoch nicht, dass das auf immer und ewig so bleiben wird.

Echo sagt: Wie bei der ureigenen Ausrichtung und dem Nurduselbstsein wird dein gesamtes System nämlich zunächst versuchen, immer wieder oder auch in Stresssituationen in die alte Struktur zurückzukehren, weil das bislang als einfacher galt. Indem du die Fragestellung nach den Räumen immer wieder absolvierst, stabilisierst du diese Bereiche und wirst bald sehr zuverlässig in ihnen bleiben.

Die Erfahrung hat gezeigt, dass neue Erschütterungen dazu beitragen können, die Bereiche erneut zu beschädigen. Dadurch, dass du immer mal wieder nachfragst mit dem *Ich bin zu 100 Prozent in meinem ...*, kannst du das jederzeit nachprüfen und gegebenenfalls sofort gegensteuern, wie hier beschrieben.

Hast du die Bejahung, in all diesen Bereichen zu sein, geht es nun darum, ob du diese Bereiche auch nutzt. Denn du könntest ja einfach in dem Raum sein und fertig. Doch jeder Winkel dieses Raumes gehört dir, darum kannst du ihn mit allem bestücken, was dort ursprünglich hineingehört. Damit gemeint sind heilsame Gedanken, förderliche Glaubenssätze, Potenzialentfaltung, das Umsetzen von Träumen und vieles mehr – also alles, was zu dir als ganzem Menschenkind gehört.

Räume zu mehr als 95 Prozent nutzen

Sag nun seelenschwankend: *Und ich nutze all dies zu über 95 Prozent.*

Erhältst du eine Bejahung, wunderbar. Erhältst du eine Verneinung, sagst du:

Hiermit gebe ich alles frei und in Frieden, was mich daran hindert, mein Potenzial, meine Kraft, meine Energie, mein Vertrauen, mein Gefühl, meine gesunde Abgrenzung und meine eigene Wahrnehmung zu über 95 Prozent zu nutzen. Ich gebe außerdem sanft, in Balance und ohne Belastung alles frei und in Frieden, was mich daran hindert, das frei und in Frieden zu geben, was jetzt gehen kann und will. Und ich rufe all das zu mir zurück, was vom Ursprung her zu mir gehört und was jetzt zu mir zurückkehren kann, um mich bei meinen Vorhaben zu unterstützen. All dies ist sicher für mich und alle freuen sich, danke.

Während du das sagst, achte auf das Seelenschwanken. Erhältst du beim Sprechen ausschließlich Impulse nach vorne, sagst du anschließend:

Ich nutze mein Potenzial, meine Kraft, meine Energie, mein Vertrauen, mein Gefühl, meine gesunde Abgrenzung und meine eigene Wahrnehmung zwischen 95 und 100 Prozent.

Du solltest erneut die Bejahung erhalten. Vielleicht spürst du bereits, dass das Schwanken dir immer klarere Auskunft gibt, dass es schwächere und stärkere Impulse gibt. Genieße es, denn das bist du in deinem ganz werdenden Sein und Haben.

Der erste sagt: Warum hier *zwischen 95 und 100 Prozent?* Weil es mit großem Stress verbunden wäre, all dies rund um die Uhr zu 100 Prozent nutzen zu sollen.

Die zweite sagt: Die fünf Prozent sind ein Puffer, der dir Stress vom Halse hält.

Du kannst nun noch einen achten Raum oder auch weitere dazunehmen. Beliebt ist zum Beispiel Leichtigkeit. Genau wie nach den anderen Bereichen würdest du hier nun fragen, ob du zu 100 Prozent in deiner Leichtigkeit bist und gegebenenfalls frei und in Frieden bringen, was dich daran hindert. Anschließend würdest du nach den über 95 Prozent Nutzung fragen und ebenfalls bei Bedarf Hinderndes frei und in Frieden bringen.

Vorschlag für einen weiteren Raum: *Zu 100 Prozent in der Fähigkeit sein, heilsam* oder auch *in gesunder Abgrenzung*

Ritual für den Alltag

- Du kennst nun ein entspanntes, leicht durchzuführendes Ritual für mehr innere Stabilität, das du im Alltag einfach ganz allein für dich ohne weitere Vorbereitung und so oft durchführen kannst, wie du möchtest.
- Das Ritual ist sanft, sicher und bringt dich auch in belastenden Situationen umgehend wieder in deine Mitte.
- Das Ritual umfasst drei Übungen:
  1. Ureigene Ausrichtung
  2. Nurduselbstsein
  3. 100 Prozent in den sieben Räumen sein (oder in den acht oder mehr) und all dies über 95 Prozent nutzen.

mit einer bestimmten Person *umgehen zu können.* Formuliere frei. Das Seelenschwanken, also deine Intuition in Verbindung mit dem Dahinter der Zeit, weist dir den Weg der heilsamen Gedanken, Bilder und Worte.

Die weiteren Bereiche würdest du dann in das Ritual mit einbauen, das hier nach und nach entstanden ist und das du mehrfach am Tag durchführen kannst.

Solltest du bei dieser hier vorgestellten Vorgehensweise trotz des Infriedenbringens ohne Bejahungsimpulse bleiben, erhältst du nun noch Informationen dazu, was du dann tun kannst.

Diese folgenden Nachfragen sind auch dann geeignet, wenn du die Räume nach und nach einrichten möchtest.

Echo sagt: Die jeweiligen Fragen kannst du sehr flexibel stellen. Einzig zu vermeiden sind die Wörter nicht und kein bzw. verneinende Formulierungen, da die Bejahung bzw. Verneinung des Seelenschwankens zu Unklarheiten führen könnte.

Blockierendes finden und freigeben - Beispiele

Gibt es einen Grund dafür, dass ich nur weniger als 100 Prozent in meinem (Beispiel) Gefühl sein kann? > Bejahung

Der Grund ist ein Trauma – ein Glaubenssatz – ein Muster – eine Struktur – ein Verbot – ein Gebot – etwas anderes.

Während du das sagst, achtest du auf dein Seelenschwanken. Wann bekommst du eine Bejahung? Sobald du eine Bejahung bekommst, stoppst du die Aufzählung der Liste und fragst: *Ist es wichtig, mehr darüber zu erfahren?*

Bei Verneinung bringst du das mit dem Satz, den du schon kennst, einfach in Frieden.

Bekommst du eine Bejahung, fragst du als Erstes: *Habe ich das geerbt?*

Bekommst du erneut eine Bejahung, fragst du wieder, ob es notwendig ist, mehr darüber zu wissen.

Bei Verneinung bringst du es mit dem Satz, den du schon kennst, in Frieden.

Bei Bejahung fragst du, ob du es von der Mutter geerbt hast. Wenn Verneinung folgt, fragst du, ob du es vom Vater geerbt hast.

Nach Bejahung fragst du wiederum nach der Notwendigkeit, mehr darüber zu wissen.

Bei Verneinung bringst du es mit dem Satz, den du schon kennst, in Frieden.

Bei einer Bejahung kannst du nun fragen, wie alt das Trauma/der Glaubenssatz/das Muster etc. ist. Dafür sagst du: *Das Trauma/der Glaubenssatz/das Muster etc. ist älter als fünf Generationen.*

Erhältst du eine Bejahung, fragst du dich weiter durch. *Ist es älter als zehn Generationen? Älter als zwanzig?* Du bekommst seelenschwankend Antwort.

Der erste sagt: Manchmal ist es tatsächlich notwendig, all das in Erfahrung zu bringen, bevor dein Unbewusstsein bereit ist, das, worum es geht, frei und in Frieden zu bringen.

Die zweite sagt: Das, worum es geht, möchte einfach ein einziges Mal in Liebe angesehen werden. Dann geht es, dann kannst du es freigeben und in Frieden bringen.

Wenn du auf die Geerbt-Frage eine Verneinung erhältst, fragst du, ob es um das Alter des Themas geht. Bei einer Bejahung fragst du: *Das Trauma/der Glaubenssatz/das Muster entstand, als ich jünger als zehn Jahre alt war?*

Du kennst das schon: Seelenschwankend, wie du da stehst, gehst du einfach Schritt für Schritt vor. *Bejahung/Verneinung, jünger als fünf, älter als eins, vorgeburtlich, Konzeption, vor der Konzeption.* Oder auch älter als zehn, älter als zwanzig – bis du eine Bejahung erhältst, auf die wieder die Frage folgen würde, *ob es notwendig ist, noch mehr darüber zu erfahren.*

Erhältst du auf die Frage nach *noch mehr erfahren* eine Verneinung, kannst du das Thema, das du herausgefunden hattest, in Frieden bringen.

Hast du herausgefunden, dass es ein hindernder Glaubenssatz ist, fragst du ebenfalls, ob es notwendig ist, mehr darüber zu wissen. Bei einer Bejahung wird es nun interessant, denn welcher Glaubenssatz sollte das sein?

Entweder wird dir nun plötzlich einer einfallen, dann prüfe seelenschwankend, ob es sich um diesen handelt. Beispiel: *Handelt es sich um den Glaubenssatz (Beispiel) Ich bin dumm?* Bei einer Bejahung kannst du, wenn du möchtest, diesen Satz himmeln (siehe Seite 117). Bei einer Verneinung kannst du entweder weiter in dir nachhören, ob dir ein Satz einfällt. Oder du nutzt das Seelenschwanken, um auf Suche zu gehen. Denn auf jedes Wort, das du sagst, kannst du dir eine Bejahung abholen.

Der Glaubenssatz beginnt mit Ich? Vielleicht bekommst du eine Verneinung. Dann fragst du: *Er beginnt mit Frauen sind/Männer sind?* und immer so weiter.

Du kannst seelenschwankend Wort für Wort ermitteln, worum es geht, und wirst dich wundern, wie einfach das ist, wenn du es tust, anstatt es hier nur zu lesen.

Das klingt alles wirr und seltsam. Als würdest du dir ein Hemd nähen wollen und läsest nur die schriftliche Anleitung. Hast du allerdings Stoffteile, Nadel und Faden vor dir liegen, ist die Anleitung plötzlich klar.

Immer heller, lichter, feiner

- Hab bitte keine Angst, dass du dich in deinem Unbewusstsein verlaufen könntest. Mit dem Licht der Intrasonanz und der hier beschriebenen Arbeitsweise ist das vollkommen unmöglich. Außerdem wurde es bereits mit den ersten beiden Schritten viel heller in dir.

- Mit den hier vorgestellten Formulierungen hast du darüber hinaus weitere Lichtquellen bei dir. Mit allem, was du frei und in Frieden gibst, himmelst oder neu sortierst, wird es außerdem dort heller, wo es vorher dunkel war in dir. Weil dein verlorenes Selbst zurückkehrt, das dort hingehört, wo du etwas in Frieden gebracht hast.

- Dein Unbewusstsein wird also nach und nach immer heller, lichter, feiner und ganzer. Du kannst alle Untiefen betreten, weil du sie ohnehin erst dann betrittst, wenn sie ihre Schutzfunktion verloren haben. Durch das Nachfragen erschließt du dir auch die noch so verrammelten Türen.

Echo: Zugegeben, es ist ungewohnt, so zu stehen, sich selbst zu befragen und Antworten aus Tiefen bzw. Höhen zu erhalten, die einem bislang verborgen oder verschlossen waren. Sei dir jedoch gewiss, dass du die Freiheit hast, mit dir so umzugehen und dass all dies leicht und einfach sein kann.

Muster und Strukturen verändern

Der erste sagt: Hast du bei *Muster* eine Bejahung erhalten, besagt das, dass sich dein System durch eine Erschütterung an irgendeiner Stelle etwas Störendes aufgebaut hat. Als hätte ein Pullover an einer Stelle ein anderes *Muster.*

Die zweite sagt: Mit Intrasonanz kannst du diese Stelle „aufribbeln" und neu „stricken". Du kannst das, weil du das – wie alles andere, was du intrasonant unternimmst – nicht alleine bewältigst, sondern in der Verbindung mit dem Dahinter der Zeit.

Der dritte sagt: Ähnlich verhält es sich mit der Struktur. Das wäre, als hättest du irgendwo im oder am Leuchtturm eine Oberfläche, die wenig hilfreich wäre, bildlich gesprochen zum Beispiel eine rostige Stelle oder abgeblätterte Farbe.

Die vierte sagt: Indem du die Struktur *in ihren ureigenen Zustand* zurückbringst, vergeht sozusagen der Rost und erneuert sich die Farbe.

Gebote und Verbote aufheben

Findest du Verbote oder Gebote, kannst du, nachdem du dich wie oben beschrieben vielleicht durchfragen musstest, diese Verbote oder Gebote *aufheben*. Welche Verbote das sind, kannst du ermitteln, wie bei den Glaubenssätzen beschrieben.

Erfahrungsgemäß fällt einem in dem Moment, wo man auf ein Thema trifft, plötzlich ein, worum es sich genau handeln könnte. Dann fragst du nach oder suchst gegebenenfalls seelenschwankend weiter.

Echo: Kennst du die Märchen, in denen ein Prinz oder eine Prinzessin durch einen finsteren Wald gehen muss? Er oder sie geht Schritt für Schritt. Vielleicht kommen Zaubervogel oder Zwerg und helfen ein wenig. Doch die wichtigsten Stellen gilt es allein zu durchqueren.

Der erste sagt: Genauso ist das mit intrasonantem Durchfragen. Du kennst die Wörter, gestaltest die Bilder, du hast die Verbindung, das Geliebtsein und dein Seelenschwanken.

Die zweite sagt: Nur dies benötigst du, um ganz zu werden.

Achte beim Sprechen auf das Seelenschwanken. Erhältst du einen Bejahungsimpuls, bist du auf dem richtigen Weg. Das Dahinter der Zeit ist und geht immer mit dir.

Formulierungen auf einen Blick

Traumata: *Hiermit gebe ich das Trauma, um das es hier geht, frei und in Frieden. Ich gebe es vollständig frei und in Frieden, sanft, in Balance und ohne Belastung, das ist sicher für mich und alle freuen sich, danke.*

Glaubenssatz: *Hiermit himmele ich den Glaubenssatz, um den es hier geht. Ich himmele ihn vollständig, sanft, in Balance und ohne Belastung, das ist sicher für mich und alle freuen sich, danke.* (Himmeln bedeutet, einen Satz zu „löschen", aber in vertikaler Richtung.)

Muster: *Hiermit verändert sich das Muster, um das es hier geht, hinein in das, wie es ureigen zu sein hat. Das geschieht sanft, in Balance und ohne Belastung, das ist sicher für mich und alle freuen sich, danke.*

Struktur: *Hiermit wandelt sich die Struktur, um die es hier geht, hinein in das, wie es ureigen zu sein hat. Das geschieht sanft, in Balance und ohne Belastung, das ist sicher für mich und alle freuen sich, danke.*

Verbot/Gebot: *Hiermit hebe ich das Verbot/Gebot, um das es hier geht, auf. Ich hebe das vollständig auf, sanft, in Balance und ohne Belastung, das ist sicher für mich und alle freuen sich, danke.*

Bilder, Erfahrungen und anderes befrieden

Was ist, wenn du bei *etwas anderes* eine Bejahung erhältst? Dann freu dich, denn dein System traut dir zu, dass du nun ganz frei fragen kannst, was es sein kann. Vielleicht findest du tatsächlich etwas, das es so nur bei dir gibt.

Frag zum Beispiel nach, ob es sich um ein Bild handelt.

Manchmal haben wir innerlich Bilder eingebaut, die uns hindern. Diese Bilder kannst du dann vor deinem geistigen Auge betrachten und verändern, hinein in das, was du möchtest. Das Seelenschwanken antwortet dir, ob du auf dem richtigen Weg bist.

Echo: Narziss war eine Blume und ich ein Stein. Bis ihr uns erlöst habt.

Vielleicht ist es *auch eine Belastung aus einer Erfahrung*, die du dann frei und in Frieden bringen kannst, wie ein Trauma. Oder es ist etwas, das dir überhaupt nicht gehört.

Der erste sagt: Dieser Spezialfall erfordert dann zu fragen, ob du das frei und in Frieden bringen kannst.

Die zweite sagt: Wenn ja, tust du das. Wenn nein, fragst du, was du stattdessen unternehmen sollst, und lässt dich vom Seelenschwanken durch die Formulierungen begleiten.

Eventuell findest du einen Fluch. Dann gilt: Was immer er enthielt, wie immer er lautete und so gravierend seine Auswirkungen auch gewesen sein mögen, du kannst ihn einfach aufheben wie lebenshinderliche Gebote und Verbote. Im Miteinander mit dem Dahinter der Zeit ist das ganz einfach und sicher möglich.

Echo: Iuppiters Fluch nahmt ihr von mir. Ich danke euch.

Stets begleitet vom Dahinter der Zeit

- Ziel des freien Fragens ist, etwas frei und in Frieden zu bringen.

- Du merkst: Wenn du das so alles liest, ist das viel. Begibst du dich ins Arbeiten, geht es jeweils nur um das nächste Seelenschwanken, das dich sicher begleitet.

- Bei den erwähnten Umwegen gilt es natürlich, wieder zum ursprünglich Gewollten zurückzukehren.

- Ziel intrasonanter Arbeit sollte zu Beginn sein, dass du 100 Prozent in den acht (oder mehr) Räumen bist und all dies zwischen 95 und 100 Prozent zu nutzen.

- Je mehr du intrasonant arbeitest, je einfacher und gezielter wirst du Problematiken fragend und seelenschwankend „aufdröseln", die jeweiligen Ursachen dann einfach in Frieden bringen und so immer ganzer werden.

- Du gestaltest dein ganzes Sein und Haben zurück in das, wie du ursächlich gemeint bist. Dein Können, deine Erfahrungen, dein Wissen, all das bleibt dabei erhalten. Du bist ein Gestalter, eine Gestalterin. Ein Künstler, eine Künstlerin. Ein Schöpferwesen, und das war nie anders. Dabei wächst du im Licht bedingungsloser Liebe, während du – und das ist entscheidend – auf alle andere Kreatur ebenso diesen bedingungslos liebenden Blick hast (vgl. Segen).

Mit den hier beschriebenen Vorgehensweisen kannst du anschließend immer weitere Räume definieren.

Frag dafür jedoch stets, ob der jeweilige Bereich für dein Vorhaben *hilfreich, ratsam und sicher* ist. Bekommst du eine Verneinung, arbeitest du einfach an etwas anderem.

Oder du gibst frei und in Frieden, was dich daran hindert, dass der gewünschte Raum für dein Vorhaben *hilfreich, ratsam und sicher* ist.

Stress mit Menschen, Substanzen und Situationen reduzieren

Hast du zum Beispiel ständig Stress mit einer bestimmten Person:

Hiermit gebe ich frei und in Frieden, was ich der Person spiegele und was diese Person in mir triggert. Ich gebe das frei, sanft, in Balance und ohne Belastung, das ist sicher für mich und alle freuen sich, danke.

Du bist frei, in Frieden zu bringen, was jeweils an der Reihe ist. *Ich gebe frei und in Frieden, was mich daran hindert, dieses Glas Wein stehen lassen zu können, diese Zigarette liegen lassen zu können. Ich gebe all das frei und in Frieden, sanft, …*

Ich gebe frei und in Frieden, was mir diese trüben Gedanken verursacht, mich am Spazierengehen hindert, was …, ich gebe all das frei und in Frieden, sanft, …

Echo sagt: Du siehst, du arbeitest nach und nach einfach ab, was sich zeigt. So wirst du mit der Zeit immer ganzer und damit energetisch souveräner.

Hinderliche Informationen himmeln

Mit intrasonanter Arbeit kannst du darüber hinaus Informationen himmeln, die dein System entwickelt hat, zum Beispiel Informationen zur Bildung bestimmter Proteinketten. Solche bildet dein System unter anderem, um schmerzhafte, belastende Gefühle fühlen zu können.

Die zweite sagt: Diese Gefühle können sehr quälen und die Lebensqualität erheblich mindern. Möchtest du solche Informationen himmeln, vergewissere dich bitte vorher, ob es *hilfreich, ratsam und sicher ist, diese Informationen zu himmeln.* Dann sagst du:

Ich himmele die Informationen für die Bildung dieser Proteinkette, die mich dieses Gefühl der Hilflosigkeit/der Wehmut/des Kummers ... fühlen lässt. Ich gebe all das frei und in Frieden, sanft, in Balance und ohne Belastung, das ist sicher für mich und alle freuen sich.

Das Gefühl wird dann nicht mehr auftauchen.

Der erste sagt: Ob intrasonant auch genetische Defekte behebbar wären? Sprache und Bewusstsein können sehr heilsam sein und sicher kann man dazu viel forschen. Man kann aber auch einfach in Eigenregie Traumata etc. intrasonant in Frieden bringen und sich an dem erfreuen, was dadurch entsteht.

Echo: Du bist frei, in Unversehrtheit zurückzukehren, weil sie dein Geburtsrecht ist.

Positive Affirmationen leichter implementieren

Du arbeitest gerne mit sogenannten Affirmationen? Aussagen wie *Ich bin fröhlich, es geht mir gut.* oder *Ich bin Licht, ich bin Liebe, ich bin Freude.* etc. können in dir sogenannte Neinprogramme aufrufen. Das sind meist ziemlich vertrackte, verstrickte Konstrukte in deinem System, die bei solchen Sätzen regelrecht Alarm schlagen. Denn was du da „Schönes“ sagst, passt nicht zu dem, was du bislang gelernt hast.

Möchtest du einer positiven Affirmation in dir ein Zuhause geben, dann nenne die Affirmation und sage anschließend:

Hiermit himmele ich sämtliche Neinprogramme, die diese Affirmation in mir aufruft. Ich himmele diese Neinprogramme vollständig, sanft … Sprich danach die Affirmation aus und achte auf den Impuls des Seelenschwankens:

Der erste sagt: Wann immer du eine positive Affirmation sprichst und eine Bejahung erhältst, ist alles in Ordnung.

Die zweite ergänzt: Erhältst du eine Verneinung, besitzt du Neinprogramme, die du himmeln kannst. Prüfe dann seelenschwankend nach.

Abgrenzung und Zuspruch

Bist du in der Psychokinesiologie bewandert, verstehe bitte den Unterschied intrasonanter Arbeit: Intrasonanz ist das Wirken des Dahinters der Zeit, aus dem wir alle kommen, und dessen bewusste Hineinnahme ins versehrte Sein und Haben, das dadurch seine Ganzheit – bedingungslose Liebe sein und haben – zurückerhält.

Das Seelenschwanken entsteht im inneren Wieder-Auf- und Wieder-Ausgerichtetsein des Individuums zwischen Himmel und Erde, verbunden mit dem Dahinter der Zeit und In-Energie aufnehmend.

Echo: Menschen werden Nehmende und Gebende zugleich, in heilsamer Balance.

Wichtige Hinweise

- Mit der Zeit wirst du viel schneller spüren, wenn dir etwas nicht guttut. Zum Beispiel nach einem Streit oder einer Enttäuschung. Gehe dann in aller Ruhe dein Ritual durch, von der Ausrichtung übers Nurduselbstsein bis hin zu den über 95 Prozent. Du wirst dich umgehend besser fühlen. Bringe dann weitere Sachverhalte, die sich eventuell in dir zeigen, in Frieden.

- Intrasonant zu arbeiten bedeutet, zunächst Großes aufzuräumen, dann das Feine. Das macht es so einfach. Immer mal wieder können auf dem Grund des Meeres, an dessen Strand dein Leuchtturm steht, Tanker oder Tintenfische mit Saugnäpfen auftauchen. Das sind uralte Themen, die sich irgendwann zeigen – weil du zunächst aufgeräumt hast, was darüberlag. Bringe diese Themen dann in Frieden wie hier im Buch beschrieben.

- Bitte stell dich für intrasonantes Arbeiten niemals irgendwo hin, wo du hinunterfallen könntest. Denn die Impulse des Seelenschwankens können sehr stark sein. Manchmal kann es sein, dass sich deine Fersen vom Boden heben.

- Es kann sein, dass du auf das Freigeben und Himmeln mit einem tiefen Atemzug reagierst, dass dich etwas in die Höhe zu ziehen scheint oder dass du gähnen musst. Das ist alles in Ordnung und hat etwas mit der Energie zu tun, die da im Spiel ist. Bleib stets in deinem vertikalen Freigebekanal.

- Versuche nie, Aufsteigendes hinunterzudrücken.

- Tabufragen: Frag bitte niemals solche Dinge wie „Habe ich Krebs" oder „Soll ich meine Arbeitsstelle wechseln". Dafür ist das Seelenschwanken nicht gemacht, und was würdest du tun, wenn du bei der Krebs-Frage eine Bejahung erhieltest? Wir produzieren den lieben langen Tag mutierte Zellen. Geeignet sind jedoch Fragen, die mit *Ist es hilfreich, ratsam und sicher* beginnen, also zum Beispiel: *Ist es hilfreich, ratsam und sicher, wenn ich mal zum Arzt ginge?* Oder: *Ist es hilfreich, ratsam und sicher, dass ich mich nun um dies oder das kümmere?* Oder: *Gibt es einen Grund, dass ich diese Entscheidung so schwer treffen kann?*

- Das Seelenschwanken ist dein direkter Draht zu deiner Intuition.
- Informationen zu persönlicher Begleitung fürs Arbeiten mit Intrasonanz findest du auf Seite 166.

Außerdem: Heile, heile, Segen

... und dann gibt es noch das Erste-Hilfe-Prinzip, dir in belastenden Situationen mehrmals von vorne nach hinten mit deinen Fingerkuppen über den Scheitel zu streichen – im Bewusstsein, dass das, was dich betrübt, bekümmert, im Herzen schmerzt etc., nach oben in Frieden kommt. Du wirst umgehend spüren, dass das Kummervolle, das sich gerade zeigte, regelrecht verfliegt.

Echo sagt: So, wie man Kindern, die sich wehgetan haben, mit „Heile-Heile-Segen" über den Kopf streicht.

7. Für andere arbeiten

In das beschriebene Seelenschwanken können sich andere Menschen „einhaken". Das bedeutet, dass ein Mensch gemeinsam mit einem anderen und auch stellvertretend für einen anderen Menschen intrasonant arbeiten kann. Man „schwingt" sich sozusagen auf den anderen Menschen ein.

Energien werden dabei *nicht* ausgetauscht, übernommen oder übertragen!

Die Formulierungen werden entsprechend angepasst: *Wenn XY sich etwas Schlimmes vorstellt, schwankt er/*

sie nach hinten ... wenn sich XY etwas Schönes vorstellt, schwankt er/sie nach vorne ... hiermit bitte ich darum, dass XY wieder in seiner/ihrer ureigenen Ausrichtung ist ... XY ist nur XY ... und so weiter. Das Schwanken, das dann bei dir auftritt, ist das Schwanken der anderen Person.

Mit Blick auf den zurückgelegten Weg ist die Verbindung, die dafür zwischen Menschen auch über Hunderte von Kilometern hinweg vorhanden ist, kein Wunder. Wir sind durch das dazwischen vertikal Da-Seiende – die bedingungslose Liebe, die In-Energie – alle miteinander verbunden.

Auch wenn wir noch so versehrt sind: Durch die ureigene Ausrichtung in der Verbindung mit dem Dahinter der Zeit sind wir in der Lage, für uns und für andere die verblüffend einfache energetische Arbeit mit Intrasonanz zu verrichten.

Bittet dich jemand, mit Intrasonanz zu arbeiten, oder handelt es sich um dein Kind, so kannst du das tun. Möchtest du für jemanden arbeiten, von dem du nicht weißt, ob er bzw. sie das möchte (und du traust dich auch nicht, die Person zu fragen), dann fragst du seelenschwankend: *Ist es hilfreich, ratsam und sicher, für Person XY intrasonant zu arbeiten?*

Nach einer Bejahung kannst du das sicher tun. Auf eine Verneinung hin unterlässt du dies bitte. Das hat damit zu tun, dass dein Gegenüber genauso ein Recht auf energetische Souveränität hat wie du. Was du allerdings tun kannst, ist das Sprechen affirmativer Gebete: *Hiermit bitte ich darum, dass Person XY Hilfe erhält bei ... etc.*

Affirmativ bedeutet, dass du nicht betest *„bitte, bitte mach"*, sondern *Ich bitte darum, dass ...*, und du nimmst das Erbetene als bereits gegeben an. Du kannst auch immer mal wieder fragen, ob es hilfreich wäre, für die Person intrasonant zu arbeiten.

Echo: Kümmere dich aber zunächst um dich. Vor allem dann, wenn du dazu neigst, dich zu viel um andere zu kümmern – wenn du also eine vor allem gebende Person bist.

Der erste sagt: Ist dein Partner der Nehmende, wirst du vermutlich die Erfahrung gemacht haben, dass du das Gegenüber gerne in Veränderung bringen würdest und dass es sehr schwer bis unmöglich ist, das zu erreichen.

Die zweite sagt: Wenig hilfreich ist es dann, einfach zu gehen. Denn auch für dich ändert sich dann nur wenig, sondern du gerätst eventuell erneut in eine solche Struktur. Bist also du der- oder diejenige, die etwas „tun" möchte, dann fang bei dir mit Intrasonanz an.

Der erste sagt: Bring deine Themen in Frieden, räum in dir selbst auf. Dadurch reduzierst du dein Zuviel an Helfer-Strategie-Energie, strahlst im wahrsten Sinne des Wortes anders nach außen und öffnest deinem Partner, deiner Partnerin den Raum für Ganzwerdung.

Die zweite sagt: In diesen hinein kann sich dann auch dein Partner, deine Partnerin entfalten, wenn er oder sie möchte. Stehst du energetisch immer weniger zur Verfügung, kann er bzw. sie sich überhaupt erst in Richtung dieses Raumes in Bewegung setzen.

Bitte bedenke: All dies ist ein Weg. Sei nicht enttäuscht, wenn es gefühlte Rückschläge gibt. Das sind lediglich Hinweise, wo weiter aufzuräumen ist. Die bedingungslose Liebe ist das, worum es geht. Gehe sanft mit dir und deinem Gegenüber um.

Echo: Was sind deine Bedenken bezüglich der in diesem Buch beschriebenen Herangehensweise?

....

....

....

Was irritiert dich, was ist dir unklar?

....

....

Wem oder was misstraust du?

....

....

Was könnte der Vorteil für Menschen sein, die ihre innere Versehrtheit behalten wollen?

....

....

....

Echo sagt: Da kommen Narziss und die anderen zurück.

Der Tag ist vergangen, der Abend legt sich über Land und Wasser.

Im Dunkeln bleiben die vier und wir bei Narziss und Echo am Ufer.

Das Schilf säuselt[9]: *Der Mensch ist in seinem Leben wie Gras, er blüht wie eine Blume auf dem Felde; wenn der Wind darübergeht, so ist sie nimmer da und ihre Stätte kennt sie nicht mehr.*

Die Gnade aber des Dahinters der Zeit währt von Ewigkeit zu Ewigkeit über alle Kreatur, die gedenkt des Gebotenen: des Geliebtseins, dass sie danach tun.

Lebt, Geliebte des Dahinters der Zeit. Ihr Mythen, starke Helden, die ihr ausführen solltet Worte der unganzen Kreatur: Bettet euch, Staubgewordene. Leb, ganze Seele, in Ewigkeit.

[9] Nach Psalm 103, 15-22.

Nachhall

Narziss: Eine Körperübung, Gedanken, Bilder und Worte. Wie einfach das ist, die komplexe Versehrtheit in uns nach und nach heilsam zu verändern. Allein durch Kommunikation in uns selbst und mit uns selbst, mit anderen und für andere – übers Antennenpotenzial stets verbunden mit dem liebevollen Korrigat des Dahinters der Zeit, das uns so vor einem Zuviel und Zuwenig bewahrt.

In mir ist noch jede Menge zu tun. Zügiger jedoch als gedacht komme ich voran.

Ich analysiere mich sicher selbst – und statt dass ich das, was ich finde, mühsam anerkennen, ordnen und managen muss, kann ich es einfach in Frieden bringen. Das energetische Durcheinander sortiert sich, seelische Verletzung heilt von innen heraus.

Echo: Menschen können sich dabei sichtbar und unsichtbar unterstützen. So, wie sie sich bislang sichtbar und unsichtbar gegenseitig zerstörten. Nun einander liebend und segnend begegnen, ohne Untiefen anderer auffüllen oder eigene ängstlich vermauern zu müssen.

Ich liebe mich selbst und mein Gegenüber ebenso, weil wir beide zu 100 Prozent bedingungslos geliebt sind und wir das stets bedenken können, wenn wir miteinander zu tun haben.

Das Sehnen nach Liebe hat ein Ende, weil alle Liebe bereits da ist und ewig bei uns bleibt.

Narziss: Bist du eigentlich mein Echo?

Echo: Nein.

VI. Miteinander

1. Partnerschaft

Das Leben mit Gebenden und Nehmenden ist eine Herausforderung für beide Seiten. Das gilt auch für die Zeit, in der du mit Intrasonanz arbeitest, um unabhängig vom immer wieder verletzenden Verhalten anderer zu werden.

Narziss: Dein Gegenüber wird deine sich verändernde Ausstrahlung spüren. Nehmende werden zunächst immer wieder versuchen, Gebende in ihr „altes" Verhalten und „irritierende" Wahrnehmung zurückzubringen. Bleib auf deinem Weg.

Echo: Vertraue deiner Intuition. Durch das Wieder-Ganzwerden wirst du sehr bald ganz anders geben können als je zuvor. Nämlich allein durch dein Sein und Haben zeigst du anderen, was möglich ist.

Es geht nur um Energie. Weltliche Energie ist flüchtig, In-Energie ist Essenz.

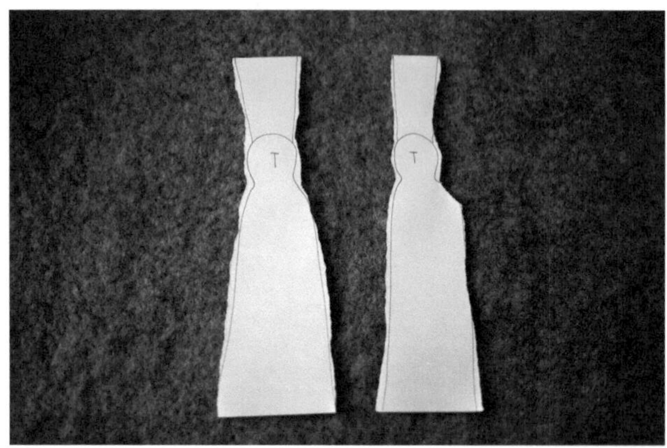

Bild 19

2. Familie

Kinder großzuziehen in einer seit Urzeiten von Grund auf „narzisstischen“ Gesellschaft, bringt Eltern und andere Bezugspersonen häufig an Grenzen. Auch dann, wenn sie intrasonant arbeiten, um wieder ganz zu werden und Kinder möglichst unverletzend zu begleiten.

Narziss: Vermutlich möchte deine Umgebung behalten, was sie kennt. Distanziert defizitorientierte Beurteilung gilt vielen überschaubarer als liebevoll zutrauendes Fördern. Schmerz ist vielen vertrauter als das Gegenteil.

Echo: Vertraue deinem Kind. Als es auf die Welt kam, wusste es noch um seine Verbindung mit dem Dahinter der Zeit. Am Morgen seines Lebens war in seinen Augen all dies zu sehen. So lange es kann, wird es versuchen, sich und dich daran zu erinnern.

Es geht nur um Liebe. Bedingte enthält Angst, sie zu verlieren. Bedingungslose verzeiht alles.

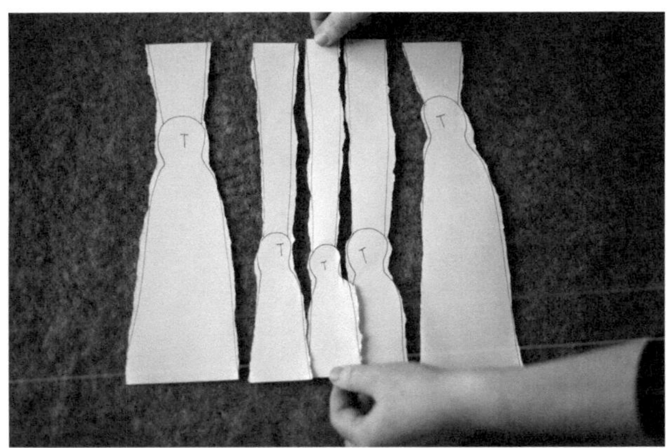

Bild 20

3. Allgemein

Weit verbreitet ist die Überzeugung, dass Böses nun mal in Menschen stecke und sich dies nicht ändern ließe. Als sei es etwas Fremdes, wird versucht, es zu bekämpfen. Wer intrasonant arbeitet, erhellt und füllt innere Untiefen, die leer waren.

Narziss: Die Dunkelheiten der Welt sind erdrückend umfangreich. Sehr lange, vielleicht ewig kann es dauern, bis manche Abgründe gefüllt sind, in denen Schreckliches entsteht. Manche könnten sagen, dass doch eh alles so bleiben wird, wie es ist.

Echo: Vertraue dir selbst. Menschen kommen als Schöpferwesen auf diese Welt. Sie können aus finsteren und lichten inneren Räumen heraus schöpfen. Sie können aber auch Heilsames in sich hineinschöpfen.

Spiritualität intrasonant zu nutzen, ist weder Utopie noch Prophetie, sondern Leben.

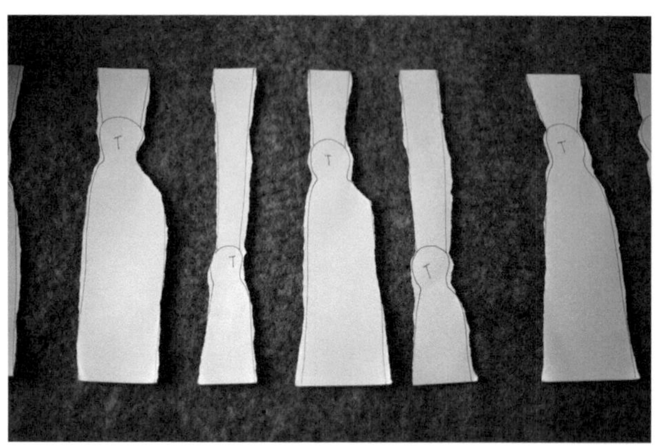

Bild 21

Bist du eigentlich eher ein Gebender oder ein Nehmender (gewesen)? Hier ist Platz für dein Nachdenken darüber.

Wen liebst du am allermeisten auf dieser Welt?

Wirklich?

VII. Fortgeschrittenes

1. Verantwortung

Intrasonanz ist ein machtvolles Werkzeug.

Stell dir bitte eine Lampe über deinem Kopf vor, die angeschaltet wird, dich vollständig erleuchtet und weder auszuschalten noch wieder wegzubringen ist. Das wäre ungefähr die Wirkung von Intrasonanz, wenn du alles auf einmal in dir in Frieden bringen wolltest.

Narziss: Solche Lampen hatten wir früher nicht.

Die Folge davon wäre, dass du mit nichts und niemandem mehr klarkämest. Weil niemand um dich herum ja so ganz wäre wie du. Dann müssten halt alle anderen Menschen auch solche Lampen haben? Haben sie ja. Im gegenwärtigen Zustand der Welt ist es jedoch hilfreicher, umsichtig und achtsam nach und nach in Frieden zu bringen, was über Jahrtausende in Unordnung geriet.

Narziss: Das bedeutet also, Intrasonanz klug zu verwenden, ein wenig „gedimmt“ sozusagen. Aufdrehen kann man immer noch, aber nicht sofort.

Echo: Und auch nicht morgen. „Sofort! Mir! Alles!" ist unvereinbar mit dem sanften Tun, mit dem Seelenanteile nach und nach sicher nach Hause geholt werden.

Durchs Ganzwerden wird es dir vielmehr nach und nach bessergehen – wenn du „dranbleibst". Du wirst das ausstrahlen, und das kann in deinem Umfeld Irritationen verursachen. Hab dabei immer im Blick, dass alle Menschen dieses Recht auf Ganzwerden haben. Dass es also nicht darum geht, attraktiver, richtiger, besser oder ganzer zu sein als andere.

Du kannst vielleicht nach und nach deine „Masken" abnehmen, andere haben ihre jedoch weiterhin auf. Verzichte bitte darauf, andere zu richten, die das, was du tust, nicht nachvollziehen können. Du kannst sie hingegen aufrichten, indem du ihnen in dem höchsten Maß der bedingungslosen Liebe begegnest, das dir möglich ist.

Narziss: Intrasonant lässt sich auch ermitteln, wie „ganz" jemand anderes ist.

Echo: Dieses Wissen zu nutzen, um andere zu kontrollieren oder Macht über sie zu erhalten, ist jedoch unvereinbar mit intrasonanter Arbeit. Vielmehr entspräche dies dem bereits bekannten, zerstörerischen Miteinander auf Erden.

2. Messbarkeit

In Verbindung mit dem Dahinter der Zeit energetisch zu entgiften, die eigene Essenz zurückzuholen und so die geburtsrechtlich zustehende Ganzheit wiederherzustellen, ist ein Weg. Auf diesem zügig vorankommen zu wollen, ist verständlich.

Aus diesem Grund erfährst du hier, wie du bestehende bzw. erreichte Ganzheit messen kannst. Wichtig:

100 Prozent sind das Potenzial, in das hinein Ganzwerden möglich ist. Mehr als 100 Prozent Ganzsein mit eigenem Selbst ist unmöglich.

Narziss: Etwas für die Zahlenmenschen ...

So ermittelst du den Grad deines Ganzseins:

- Stell sicher, dass du in deiner ureigenen Ausrichtung, nur du selbst und zu 100 Prozent in den Räumen bist und dass du all das zwischen 95 und 100 Prozent nutzt.

- Sag dann: *Ich bin zu mehr als XY Prozent ganz.* Nenn einen intuitiven Wert, das Seelenschwanken wird antworten. Hast du zum Beispiel nach *mehr als 50 Prozent* gefragt und eine Bejahung erhalten, fragst du dann: *Mehr als 75 Prozent?* – also wie beim Fragen nach Alter oder Generationen in sinnvollen Schritten.

- Bekamst du auf mehr als 75 Prozent eine Verneinung, fragst du nach 60 Prozent und kannst je nachdem irgendwann einfach die Zahlen aufzählen, z. B. *Ich bin zu 61, 62, 63 ... Prozent ganz.* Dein Seelenschwanken wird bei der Prozentzahl, die erreicht ist, bejahen.

Die Erfahrung zeigt: Extrem Nehmende sind zu Beginn der Arbeit mit Intrasonanz oft weniger als 25 Prozent ganz. Das sind Personen, die als „seelenlos", „saugend" oder „mauernd" gelten. Sie lehnen Rat und Hilfe häufig ab, weil sie der Meinung sind, mit ihnen sei „alles richtig".

Die Abwehr ist verständlich, denn leider kann es tatsächlich sehr anstrengend sein, die Anteile zurückzuholen, die bis zu den ersten 25 Prozent fehlen. Sehr bald jedoch wird das intrasonante Arbeiten leichter. Als wenn ein freundlicher energetischer Sog dessen sich einstellte, was noch übrig ist, und mit dazu beitrüge, Verlorenes nach Hause zu holen. Wir drehen ja um, was bislang war: Statt unbewusst automatisch abzuspalten, holen wir bewusst und in Liebe nach Hause.

Die nächsten 25 Prozent lassen sich zügig zurückholen. Als käme jetzt ein großer Brocken nach dem anderen retour. Große Teile, die den versehrten Menschen schnell und umfassend stabilisieren.

Narziss: Ich fing bei 45 Prozent an und kann das mit den großen Teilen bestätigen.

Echo: Ich auch.

Im Alltag erhalten wir natürlich weiterhin schmerzende „Trigger“ durch das Verhalten anderer Menschen. Diese zeigen jedoch nur, wo in uns etwas aufzuräumen ist. Statt dich also zu ärgern, nutzt du die Trigger, um deren Ursachen – Traumata, Glaubenssätze etc. – in Frieden zu bringen.

Rund um 50 Prozent Ganzheit fühlen sich Menschen eine Zeitlang erst mal gut. Als würde die innere Balance beginnen, sich neu zu verorten und einzustellen auf das Mehr an Selbst, das plötzlich zur Verfügung steht. Diese Balance gibt dann bald den Impuls, mehr zurückzuholen.

Bis zu ca. 75 Prozent Ganzheit geht die Arbeit mit Intrasonanz weiter schnell voran. Zwar zeigen sich komplexere Sachverhalte und manchmal kann man jemand anderen gut gebrauchen, der einen im Dickicht, das sich da auftut, begleitet. Doch man kommt hindurch.

Ab rund 75 Prozent geht es um die angeblich unaufräumbaren Bereiche der besonders frühen und tiefen Verluste. Durch die kontinuierliche Arbeit mit Intrasonanz hat dein Sein jedoch gelernt, wie Infriedenbringen und Zurückholen funktionieren – und dass das sicher ist.

Eventuell wirst du das Gefühl haben, dass es langsamer vorangeht. Ab 90 Prozent wirst du jedoch vor allem das Gefühl ziemlicher Ganzheit haben und ohnehin intrasonant nur noch aufräumen, wenn dir danach ist. Ansonsten wirst du einfach dein Leben fröhlich leben.

Die Notwendigkeit, unbedingt 100 Prozent erreichen zu wollen, besser, Erster, grandioser zu sein oder mehr als andere haben zu wollen, ist dann verschwunden.

Die letzten 10 Prozent sind tatsächlich die mit den tiefsten Verlusten verbundenen, und das Zurückholen geht in kleinsten prozentualen Schrittchen vonstatten. Doch ganz werden meint nun mal *werden*.

Auf dieser Erde auf jeden Fall ganz werden und dann – eventuell auch noch als einziger Mensch – ganz bleiben zu wollen, wäre Hybris und eine Karikatur zahlreicher Fantasy- und Science-Fiction-Storys.

Narziss: Ihr und eure Mythen ...

Echo: Lauter Echos der Geschichte.

Selbst ganz werden zu wollen, sich auf den Weg zu machen und alle anderen dabei zu unterstützen, dies ebenfalls zu werden, wäre jedoch ein Segen für die Welt.

3. Demut

Die Arbeit mit Intrasonanz erfordert Verständnis und Demut für das, was da passiert, sowie höchste Achtung und Achtsamkeit gegenüber jeglicher Kreatur und ihrer Geschichte.

Kein Mensch ist bei intrasonantem Arbeiten ein „Heiler" oder hat angeblich „bessere Verbindungen nach oben". Auch wird hier nicht „gechannelt" oder „Energie verteilt".

Narziss: Zum Glück!

Intrasonanz basiert ausschließlich auf dem Geburtsrecht jeder Kreatur, heil und ganz zu sein und dies in Eigenregie und über die eigene Verbindung mit dem Dahinter der Zeit wieder zu werden. Arbeitest du für einen oder mit einem anderen Menschen, bleibt dabei jeder in seiner eigenen Verbindung.

Echo: Eigener Verbindung.

Intrasonanz wirkt ausschließlich vertikal, also von oben, durch Vertrauen, Wissen, Sprache und Vorstellungskraft, also durch Bewusstsein, insbesondere für die bedingungslose Liebe, die In-Energie.

Intrasonanz ist unvereinbar mit sogenannten esoterischen, also „geheimen" Praktiken. Intrasonanz ist offenbar und steht allen Menschen zur Verfügung.

Du kannst auch für Tiere bzw. die ganze Schöpfung intrasonant arbeiten.

Physische Gewalt ist mit Intrasonanz leider nicht unbedingt eindämmbar.

Narziss: Wer weiß ...

Narziss: Hier kannst
du deine ausgerissene
Figur samt Krone
einkleben. Kleb die
ausgerissenen
Teile an die Stellen,
an die sie gehören.

Lass einige übrig,
für später.

Verabschiedung

Narziss und Echo nehmen die letzten Kränze vom Stein. Sie kommen zu uns, blicken in die Runde und legen die Kränze auf die Köpfe derer, die hier stehen.

Dann drehen sie sich um und spazieren, Hand in Hand, in die Nacht hinaus. Die zwei, die ganz anders in diesem Buch auftauchten, als ich das vorgehabt hatte.

Der Mond scheint, halb hinter Wolken verborgen. Kieselsteine schimmern am Ufer. Wind zieht auf, Regen beginnt.

Tropfen fallen ins Wasser, Kreise ziehend. Sich verbindend mit dem Wasser, das bereits da ist.

So, wie sich die bedingungslose Liebe des Dahinters der Zeit in uns verbindet mit dem, was von unserem Selbst noch vorhanden ist und uns wieder ganz werden lässt, dabei all das hinausbefördernd, was uns (be)trübt.

Die Menschheit muss sehen, wie sie ihren Plastikmüll aus den Meeren entfernt. Sie hat zu schauen, wie sie Künstliche Intelligenz heraushält aus dem, was es bedeutet, Mensch zu sein. Dazu kommen an allen Ecken und Enden weitere Herausforderungen, zahlreich und stets ähnlich strukturiert.

Erst wird die Seele krank, dann der Körper. Was ist, wenn die Seele gesundet?

Hippokrates sagte den Menschen, die zu ihm kamen, sinngemäß: Geh heim und räum bei dir, in dir auf. Was übrig bleibt, darum kümmere ich mich gern.

Creative Spiritual Care bzw. die Arbeit mit Intrasonanz ermöglicht dieses innerliche, innigliche Aufräumen. Einfach so, im Alltag.

Wie sich das Wieder-Ganzwerden von Menschen auf Gesellschaft, Gesundheit, Wirtschaft, Politik etc. auswirken kann, darüber mag jeder für sich sinnieren.

Oder doch gemeinsam?

Da rufen Narziss und Echo von ferne: Jetzt kommt doch endlich. Wir haben eine neue Behausung[10] entdeckt und darin ein wärmendes Feuer gemacht!

Ulrike Streck-Plath, im Herbst 2023

[10] Frei nach Karl Jaspers.

DIE GESELLSCHAFTLICHEN
SYSTEME SCHAFFEN DAS WAS
SPÄTER THERAPIERT WERDEN
MUSS. BESSER SYSTEME
SCHAFFEN, IN DENEN
MENSCHEN NACHHALTIG
GESUND BLEIBEN.

Hintergrund

Das Phänomen der Intrasonanz zeigte sich durch die Erfahrungen mit meinen künstlerischen Werken zu Leid vs. Geborgenheit in der Menschheitsgeschichte: In den archaischen Figuren und Bildern spiegeln sich die Betrachter zeitgleich mit ihrem ganzen und ihrem zerstörten Selbst.

Die Reaktionen, von Weinen über tiefe Bestürzung bis zu Lachen, entsprechen der Offen- oder Verschlossenheit der Betrachter gegenüber dem Ansinnen, sich in ihrer inneren Versehrtheit berühren lassen zu können oder zu wollen.

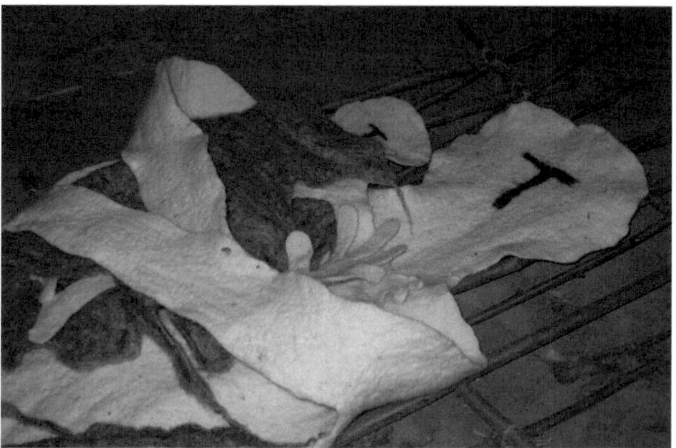

Das Bild zeigt eine künstlerische Arbeit (Ausschnitt) mit dem Titel „für Ruth E.".

Solche Reaktionen hervorzurufen, hatte ich nicht beabsichtigt. Mir ging es um Gedenken und Erinnern. Die Formensprache hatte ich zudem nicht „entwickelt", sondern sie war mir im Jahr 2007 „aus heiterem Himmel zugefallen". In dieser Inspiration steckten die Informationen, dass die Figuren als stilisierte Augen und Nase ein „T" im Gesicht haben sollten, dass ich Wolle zu nutzen hätte wie Papier und Stift und dass es um das Spannungsfeld zwischen Möglichkeit und Unmöglichkeit von Geborgenheit zu gehen habe.

Erste Arbeiten umfassten Darstellungen von Müttern mit Säuglingen und Müttern mit toten Söhnen, interkulturell universelle Ikonographien von Geborgenheit und deren Gegenteil. Ein Foto, das Frauen mit ihren Säuglingen an der Rampe von Auschwitz zeigt, hieß mich einige Zeit später, dieses in Filz zu bringen. Darauf folgten weitere Arbeiten, mit denen ich den Versuch unternahm, sich der Versprachlichung fast entziehende Greueltaten, die ein Mensch dem anderen zufügt, in die reduzierte Formensprache zu bringen.

Als im November 2009 die 33 weißen Filzfiguren der Installation *perpetua – auf der Flucht* bei uns im Erdgeschoss standen, fertig für Ausstellungen in Maintaler Kirchen, fiel meinem Mann etwas auf: Das „T“ im Gesicht, die stilisierte Augen-Nase-Partie, entspräche dem Taw, dem letzten Buchstaben des hebräischen Alphabetes. Dieser Buchstabe stünde für Leben, Mensch und Kreuz.

Die Reaktionen der Menschen, die perpetua sahen, bewegten mich. Menschen erzählten mir Erlebnisse, von denen sie noch nie jemandem berichtet hatten. Warum die Figuren sehr öffnende, aber auch stark ablehnende Resonanz in den Betrachtern erzeugen, war mir noch unbekannt.

Aufschluss gab ein Gespräch mit Psychologinnen anlässlich der Ausstellung der *perpetua* Anfang 2010: Aufgrund der fehlenden Münder sei den Betrachtern die emotionale Verfasstheit der Figuren unklar. Mit dem Gezeigten gingen die Betrachter darum entsprechend ihrer eigenen inneren Verfasstheit in Resonanz: Auf einmal spiegelten sie sich mit ihrem ganzen und ihrem zerstörten Selbst in den archaischen Figuren, den Gesichtern. Auf diesen Impuls reagierten die Menschen entsprechend ihrer Bereitschaft, sich anrühren zu lassen oder nicht. So käme es zu Bestürzung und Betroffenheit, aber auch zu Lachen oder Ablehnung. Das Anrühren durch diese archaische Formensprache sei jedoch wichtig, denn in jedem Fall würde ein wichtiger Prozess in den Menschen angestoßen. So ein Filzgesicht ein Mal gesehen zu haben, würde genügen.

Erschreckt reduzierte ich zunächst die künstlerische Arbeit, sagte jedoch zu, als für Ende 2010 eine weitere Ausstellung angefragt wurde, und setzte neue Projekte um.

Meine Gespräche mit Teilnehmenden der seit 2012 jährlich durchgeführten *24-29-3-45 Kollektiven Performance* zum Gedenken an den Todesmarsch der Häftlinge des KZ Adlerwerke von Frankfurt nach Hünfeld Ende März 1945 fügten weitere Erkenntnisse hinzu.

Dazu gehörten wiederkehrende Aussagen wie: die Figuren hätten mit einer Teilnehmerin, einem Teilnehmer „etwas gemacht", Erinnerungen würden sich „sanfter anfühlen", Erlebnisse hätten „irgendwie einen Frieden gefunden" oder auch, „die Stadt" sei „heller geworden".

Parallel beschäftigte ich mich wie bereits vor der künstlerischen Tätigkeit mit Theologie – vor allem der Frage der Theodizee – Psychologie und Psychoanalyse, Philosophie, Spiritualität, Gesundheitsthemen – auch im Rahmen der Arbeit als freie Texterin/Konzeptionerin – sowie alternativen Heilmethoden und begann mit einer Entschlüsselung dessen, was mir da ungefragt in den Schoß geworfen worden war.

Dies mündete in die Entwicklung einer Herangehensweise, mit der eine innerlich zerstörte Kreatur in Eigenregie oder in unabhängigem Tun mit anderen ihren ursprünglich unversehrt gemeinten Zustand zurückerlangen kann.

Kollektive Performance zum Gedenken an den Todesmarsch der Häftlinge des KZ Adlerwerke von Frankfurt nach Hünfeld. Die Performance wird seit 2012 jährlich auf jeweils einem Teil der historischen Strecke durchgeführt (kzadlerwerke.de).

Idee war, Worte aus Liturgie und Bibel „beim Wort“ zu nehmen, darunter „sprich nur ein Wort, so wird meine Seele gesund“ und „Bittet, so wird euch gegeben; suchet, so werdet ihr finden; klopfet an, so wird euch aufgetan.“ (Mk 7,7), und zwar als universelle Formulierungen, also ohne konkret religiösen oder konfessionellen Bezug. Dazu kamen Impulse aus Philosophie, Elementarphysik, Psychokinesiologie sowie weiteren Bereichen und sehr viel Praxis.

Ich ließ mich von der Überzeugung leiten, dass es eine Herangehensmöglichkeit jenseits aller Religionen und Weltanschauungen geben müsse, die gleichwohl anschlussfähig an Theologie, Medizin, Geistes- und Naturwissenschaften etc. wäre, wobei die Nutzung an sich vor allem für Laien so einfach wie möglich sein sollte, als eine Art selbstverständliche Lebenskunst; ein bewusster, gezielter Umgang mit etwas im positiven Sinne radikal Heilsamem, das immer da war, ist und sein wird.

Die 2015 bis 2018 entstandenen Musiktheater „Kinder des Lichts“, „Apoclauther“ und „Taboe“ brachten dieses Sein, Haben, Sagen und Tun zwischen den Zeilen nach und nach auf die Bühne.

Vor dem Tribunal der MDWAZ (Mächtige der Welt aller Zeiten). Szene aus Apocaluther (apocaluther.de).

2014 begann ich, mit der Herangehensweise für mich selbst und meine Familie zu arbeiten. Nach und nach kamen Freunde und weitere Personen dazu.

Seit 2017 leite ich Menschen als Mentorin an, Intrasonanz zu nutzen. Die umfangreichen positiven, zumeist verblüffenden Erfahrungen legten es nahe, Intrasonanz einem größeren Publikum vorzustellen Die Verbreitung stieß ich im Frühling 2020 mit der zweisprachigen Internetseite intrasonanz.de bzw. intrasonance.com an, mit dem Ziel, Informationen zu diesem Phänomen auffindbar zu machen, jedoch leise zu halten, da die Thematik zu Konflikten mit Vertretern von Glaubensrichtungen bzw. Weltanschauungen führen könnte. Dies wollte ich vermeiden.

Den Begriff „Gott“ verwendet die Bibliothek der Intrasonanz bewusst sparsam, um dem Phänomen in der sich immer mehr säkularisierenden Welt möglichst große Anschlussfähigkeit zu eröffnen. Viele Menschen reagieren beim Wort „Gott“ außerdem gereizt – und es wäre schade, wenn diese ihr Geburtsrecht ungenutzt ließen, nur weil sie denken, Intrasonanz habe etwas mit der Art „Gott“ zu tun, der sie ablehnend gegenüberstehen. Der sprachliche Transfer der Herangehensweise in Theologie und Kirche ist gleichwohl problemlos möglich, um des von der Menschheit ersehnten Friedens willen säkular vernetzt.

Intrasonanz entfaltet ihre heilsame Wirkung, indem sie von Menschen genutzt wird.

Genau hier zeigt sich zugleich die größte Hürde: Menschen lassen sich von anderen viel gefallen bzw. müssen sich viel gefallen lassen. Für sich selbst in Eigenregie einfach so und ganz alltäglich heilsam tätig zu werden, physisch und psychisch selbstwirksam und dann auch noch nur durch das Wort, ist für viele ein großer Angang.

Dazu kommt: Manche meinen, mit ihnen wäre alles in Ordnung und sie müssten nichts tun – obwohl es ihnen in Wirklichkeit ganz anders geht. Sie trauen sich nur nicht, sich hilfesuchend anderen zu öffnen.

Die Bibliothek der Intrasonanz, mit ihren Impulsen für unterschiedliche Themen und gedacht für das stille Kämmerlein, scheint geeignet, einen neuen, heilsamen Umgang mit sich selbst und anderen zu befördern und zu erleichtern.

Seit Ende 2022 trägt die Arbeit mit Intrasonanz zudem die Bezeichung Creative Spiritual Care.

Anhang

Glossar

Affirmationen, (lat. *affirmare*, bestätigen) sind positive Aussagen (auch: positive Glaubenssätze) über das, was Menschen mit ihrem ureigentlichen Potenzial und im Abgleich mit ihrem angeborenen Gewissen eigentlich imstande wären zu können, um ihr Leben und zugleich (!) das anderer liebend gelingen zu lassen.

Antennenpotenzial meint die Verbindung der Kreatur mit dem Dahinter der Zeit; den Begriff verdanke ich Heinz Markert.

Bedingungslose Liebe ist einfach da, ohne dass man dafür etwas Besonderes sein oder tun muss. Quelle dieser Liebe ist das Dahinter der Zeit. Bedingungslose Liebe steht also in Reinform ausschließlich aus der Vertikalen kommend zur Verfügung. Wäre alle Kreatur zu 100 Prozent von dieser bedingungslosen Liebe erfüllt (das bedeutet: ganz sein), würde diese in Konsequenz auch zwischen den Kreaturen selbstverständlich sein (Nächstenliebe). Da die Kreatur durch das waagerechte Erleben auf Erden jedoch kontinuierlich Selbst und damit einen Teil dieser bedingungslosen Liebe bzw. das Bewusstsein für Nurmanselbstsein (siehe: Nurduselbstsein) abspaltet, stehen zwischenkreatürlich zumeist erheblich weniger als diese 100 Prozent zur Verfügung. Das erschwert oder verunmöglicht unter anderem die Nächstenliebe sowie die Wahrnehmung des eigenen Habens und Seins und das der anderen. Dieser unganze Zustand der Kreatur ist der Grund für das desaströse Mit- bzw. Gegeneinander auf Erden. Leider klingt „bedingungslose Liebe“ in manchen Ohren „esoterisch“ und „romantisch“. Auch verstehen zahlreiche Menschen darunter, sich alles gefallen lassen oder alles tun zu müssen, was jemand anderes möchte. Dies ist natürlich nicht gemeint. Bedingungslose Liebe ist eine sehr nüchterne Kraftgröße (siehe auch *In-Energie*). Siehe außerdem Seite 165 (Hinweise für die Nutzung).

Creative Spiritual Care (Arbeit mit Intrasonanz). Spiritual Care (engl., oft übersetzt mit *Seelsorge*, ich sage lieber *spirituelle Fürsorge*) ist eine wissenschaftliche Disziplin an der Grenze zwischen Medizin, Theologie und Krankenhausseelsorge, und ich möchte ergänzen: Gesellschaftswissenschaften, Public Health und im Idealfall weiteren Fachgebieten wie den Naturwissenschaften, um endlich und echt in einem entscheidenden Kontext *out of the boxes* zu denken sowie auch im theologischen Bereich die eigentliche Säkularität bzw. die naturwissenschaftlich verbindbaren, rationalen Aspekte von Spiritualität mit zu berücksichtigen. Hintergrund dieser Disziplin ist die Philosophische Anthropologie. Creative Spiritual Care nimmt die Kunst hinzu, für ein geburtsrechtlich heilsames, unprätentiöses Tun des Schöpferwesens Mensch für sich und andere, um wieder heil und ganz zu werden. Dieses Tun gelingt dank bzw. im Bewusstsein der jeweils individuellen Verbindung aller Kreatur mit dem Dahinter der Zeit (vgl. Hinweise für die Nutzung, Seite 165).

Das **Dahinter der Zeit** ist die Quelle dessen, was für Intrasonanz erforderlich ist. Bewusst schreibe ich nicht „Gott", weil dieses Wort in jedem Menschen zahlreiche Assoziationen auslöst. Genau diese würden das Verstehen der hier dargelegten Sachverhalte unnötig erschweren. Darum habe ich einen Begriff gewählt, der für alle neu ist und frische Assoziationen zulässt. Siehe auch Seite 165 (Hinweise für die Nutzung).

Ego. Dieser Begriff taucht in diesem Buch bewusst nicht auf. Grund ist, dass zahlreiche Literatur dazu aufruft, das Ego „abzulegen". Dahinter steckt die Vorstellung, dass das Ego aus „Schichten" oder „Schalen" bestünde, die das eigentliche „Selbst" verdecken würden. Diese Schichten bzw. Schalen resultierten aus dem, was ein Mensch erlebt hat. Sie würden je nach Zahl und Stärke zu einem großen oder weniger großen Ego und infolge zu unterschiedlichen Problemen führen. Durch das Ablegen dieser Schichten (= des Egos) würden die Probleme verschwinden und der Mensch in Verbundenheit sein können mit allem, was ihn umgibt. Dies entspräche bedingungsloser Liebe, die zwischen Menschen frei zu fließen habe. Diese Sichtweise teile ich nicht, denn Ego (lat. *ich*) ist genau das, als was die Kreatur ureigentlich gemeint ist. Sie hat vielmehr Seelenanteile verloren (Dissoziationen erlitten, Selbst abgespalten), die es zurückzuholen gilt, damit es ihr wieder besser geht und sie wieder entspannt und fröhlich „ego sum" (lat. *ich bin*) sagen kann. Die bedingungslose Liebe (In-Energie) steht jedem Menschen zu 100 Prozent und ausschließlich aus der Quelle zur Verfügung. Je ganzer ein Mensch ist, desto bedingungsloser kann er selbst lieben. Das sogenannte große Ego entsteht, wenn Menschen den Verlust ihrer Seelenanteile mit besonders viel fremder Energie und fremden Seelenanteilen auszugleichen versuchen – also die weltweit gebräuchliche Methode. Intrasonanz macht diese Methode, die nur das Leid lebendig hält, überflüssig, da der Verlust im Hier und Jetzt durch das ausgeglichen wird, was ureigentlich dort hingehört: das ureigene, der Quelle der bedingungslosen Liebe entstammende individuelle Sein und Haben jeder Kreatur.

Energie (gr. *energeia*, wirkende Kraft oder das Treibende) meint alle in der Physik bislang bekannten Energieformen, aus denen sich Lebendiges speist, sowie die der

Intrasonanz zugehörige In-Energie. Ist nur In-Energie gemeint, wird diese explizit als solche bezeichnet.

Energy Detox beschreibt die permanente energetische Entgiftung, die Intrasonanz ermöglicht. Gift steht dabei für alles Energetische, was das ganze Sein und Haben der bedingungslos geliebten und liebenden Kreatur versehrt (hat).

Freigeben bezeichnet die bewusste Verabschiedung (auch: Loslassen) lebenshinderlicher Sachverhalte aus dem System einer Kreatur, siehe auch *Infriedenbringen*.

Geburtsrecht besagt, dass eine Kreatur ganz und heil gemeint und bedingungslos geliebt ist, in jedem Zustand. Das gilt auch für einen Menschen, der mit einer sogenannten Behinderung auf die Welt kommt oder eine solche entwickelt. Niemandem steht also zu, andere für angebliches Unganzsein zu verurteilen, denn niemand auf Erden ist ganz – und Ganzsein heißt *nicht*, im weltlichen Sinne „perfekt“ zu sein. Vielmehr hat jeder die Geburtspflicht, andere kontinuierlich in ihrer Ganz- und Heilgemeintheit zu *sehen* und bedingungslos zu *lieben*. Da bedingungslose Liebe per se verlorene Seelenanteile zurückbringt, bleibt abzuwarten, welche Heilsamkeiten sich aus kontinuierlich intrasonant ausgerichtetem Denken und Tun ergeben werden.

Ganzwerden ist eine bewusste Tätigkeit und bedeutet, mit Intrasonanz das Geburtsrecht auszuüben, heil und ganz zu sein bzw. zu werden. Die Zusammenschreibung erfolgt nur beim Nomen.

Getrenntheit steht für das fehlende Bewusstsein (im Sinne von Wissen), mit dem Dahinter der Zeit geburtsrechtlich ewig verbunden zu sein. Dieses Bewusstsein für ewige Verbundenheit verliert die Kreatur durch das, was sie auf Erden erlebt und lernt. In ihrem Unbewusstsein ist dieses Wissen jedoch noch vorhanden. Die Kreatur kann auf dieses Wissen zugreifen und es so wieder in ihr Bewusstsein befördern.

Glaubenssätze (Terminologie bewusst beibehalten) meint positive oder negative Formulierungen, die das Bewusst- oder Unbewusstsein einer Kreatur darüber abgespeichert hat, wie etwas zu sein hat oder was ein Mensch angeblich könnte oder dürfe bzw. nicht könnte oder dürfe. Diese Sätze können förderlich oder hinderlich sein. Hinderliche lassen sich intrasonant verändern bzw. himmeln. Förderliche Glaubenssätze intrasonant verändern zu wollen, widerspricht dem Geburtsrecht, heil und ganz zu sein. Ob ein Glaubenssatz förderlich oder hinderlich ist, lässt sich seelenschwankend ermitteln.

Das **Haben** beschreibt den möglichst ganzen Zustand eines Geschöpfs. In diesem hat es bei sich, was ureigentlich zu ihm gehört (vgl. Sein). Dieser Zustand ist nur möglich in der individuellen Verbundenheit mit dem Dahinter der Zeit und im Bewusstsein, dass diese Verbundenheit jeder Kreatur gleichermaßen zusteht (Geburtsrecht). Ein „Haben“, das sich aus sich selbst oder anderen Kreaturen speist, ist stets zu viel oder zu wenig und erhöht darum die Anfälligkeit für Hybris (Überheblichkeit, Vermessenheit) oder deren Gegenteil (zum Beispiel Impostor-Syndrom) und andere, dem friedlichen Miteinander undienliche Sachverhalte.

Heilsam ist alles, was eine Kreatur benötigt, um wieder ganz und heil zu werden. Im Bewusstsein jeder Kreatur ist das Wissen darüber vorhanden, was das bedeutet und wie man das erreichen kann (Intuition, Heilungsimpuls). Im Seelenschwanken hat jede Kreatur den klaren Zugang zu diesem Wissen.

Himmeln ist das bewusste Entlassen (auch: Loslassen) konkreter Formulierungen in Richtung des Dahinters der Zeit, wo sich die Informationen auflösen (zum Beispiel Glaubenssätze oder Neinprogramme). Bezüglich „auflösen“ erlaube ich mir den Hinweis auf Neuroscience bzw. Bewusstseinsforschung, die Integrierte Informationstheorie (IIT) und weitere.

In-Energie (auch: In-Licht) ist die sogenannte Lebensenergie bzw. die bedingungslose Liebe, die einem Menschen geburtsrechtlich und per Intrasonanz zur Verfügung steht. Dabei handelt es sich eventuell um eine besondere Form von Primär-Energie oder eine noch davor verortete Form von Energie (nicht: „Null-Energie“ und, um Neutralität zu wahren, auch nicht: „Chi“). Je mehr Selbst (ureigene In-Energie) ein Mensch abgespalten und durch Informationen aller Art kompensiert hat, desto mehr reduziert sich sein ureigenes *Sein* und *Haben*, das aus In-Energie besteht. Ohne bewusste Verbindung zum Dahinter der Zeit ist der Mensch nicht in der Lage, sich selbst aus der Quelle der In-Energie heilsam neu zu versorgen. Darum versucht er, fehlende Energie zum Beispiel durch Substanzen, Macht, Geld, Sport, bestimmte Beziehungsstrukturen etc. auszugleichen. Da dies nicht die ureigen zur Verfügung stehende In-Energie, sondern Energie aus anderen Quellen bzw. In-Energie anderer Kreaturen ist, kann diese dem such(t)enden, sehnenden Individuum nie genügen. Möglich ist, dass der Mensch die Verbundenheit mit dem Dahinter der Zeit und daraus resultierende eigene Ganzheit plötzlich spürt und so daran erinnert wird, wie es ist, heil und ganz zu sein (sogenannte mystische Erlebnisse), worauf er sich eventuell auf den Weg macht und versucht, diese gespürte Ganzheit wiederzuerlangen[11]. In-Energie und In-Licht wirken durch die schöpfende Kreatur auch in privaten und öffentlichen Räumen und können dort ebenso abhandenkommen oder zerstört werden.

Infriedenbringen bedeutet, Belastungen in Richtung des Dahinters der Zeit tatsächlich in Frieden zu bringen, denn dort ist viel Platz. Außerdem ist dort der Frieden, der sich wiederum auf Erden einfacher realisieren ließe bzw. zur Normalität würde, wenn hier ganze(re) Kreaturen lebten.

In-Licht, siehe *In-Energie*.

Intrasonanz ist eine bewusst an den Begriff Resonanz angelehnte Wortschöpfung, von lateinisch *intra* „innerhalb" und *sonare* „klingen", und bezeichnet das vertikale Hineinwirken der bedingungslosen Liebe (In-Energie) des Dahinters der Zeit in ein schwingfähiges System und die dadurch ausgelöste Rückgängigmachung dort vorhandener Dissoziationen sowie weiterer innerer Versehrtheiten. Die sprachliche Anlehnung an Resonanz dient dazu, das natürlich Gegebene dieses Phänomens zu verdeutlichen: Da ist etwas, das wirkt; bislang war jedoch unbekannt, wie damit sinnvoll umzugehen sei bzw. dass dies überhaupt möglich ist. Als Naturphänomen ist Intrasonanz darüber hinaus ein Kontinuum, was besagt, dass die Nutzung fortwährend möglich ist. Statt zum Beispiel bei Belastungen nur Selbst abzuspalten, kann verlorenes Selbst immer zurückgeholt werden. Intrasonanz ist *keine* Methode, erfordert jedoch einen methodischen Umgang, der wiederum vielfältig sein kann. Dabei sind verschiedenste Gesetzmäßigkeiten zu beachten, allem voran das Geburtsrecht aller Kreatur, heil und ganz zu sein, verbunden mit der Tatsache, dass die gesamte Schöpfung mit aller Kreatur vom Dahinter der Zeit bedingungslos geliebt ist. Das gilt auch für alle

[11] Dank Intrasonanz ist diese Suche weder vermessen noch vergeblich, sondern ein kontinuierliches Finden bzw. Sein und Haben; wobei die Verbundenheit mit dem Dahinter der Zeit und das sogenannte Unio-Erlebnis (lat. *unio*, eins) selbstverständlich werden, im Sinne heilsamer „Mystik im Alltag" – allerdings nicht im suchenden, sondern im findenden bzw. gefunden habenden Modus, der zum Geburtsrecht gehört, heil und ganz zu sein.

Bereiche, in denen Kreaturen schöpferisch tätig waren oder sind, zum Beispiel privater und öffentlicher Raum. Eine physikalische Definition des Phänomens Intrasonanz und seiner Quelle ist hypothetisch möglich.

Jetzt beschreibt den Zeitpunkt, zu dem Sachverhalte in Frieden gebracht, gehimmelt oder anderweitig heilsam verändert werden. Dieser Zeitpunkt ist stets der jeweilige Moment – genau so, wie zu einem anderen bestimmten Zeitpunkt im Leben einer Kreatur zum Beispiel eine Dissoziation erfolgte.

Kreatur umfasst alles Lebendige.

Das **Kronenreich** ist der Bereich auf dem Kopf, den eine Krone umfassen würde. Der Mittelpunkt dieses Bereichs ist der höchste Punkt auf dem Kopf. Dort ist die größte Fontanelle vermutlich noch immer nicht vollständig zusammengewachsen. Dieser obere Mittelpunkt befindet sich in geburtsrechtlich aufrechter Haltung genau über Wirbelsäule und Damm. In seiner Verlängerung ist der gesamte Kronen(be)reich die unendlich hohe und lange, direkte Verbindung zum Dahinter der Zeit. Durch diesen breiten Kanal wird freigegeben und kontinuierlich zurückerlangt. Verlorenes Selbst wird, so dort vorhanden, auch aus der Waagerechten zurückerlangt, allerdings nur in dem Maß, in dem Belastung nach oben in Frieden gebracht wird.

Lebensenergie, siehe *In-Energie*.

Licht, siehe *In-Licht* bzw. *In-Energie*. Außerdem verweise ich in diesem Zusammenhang auf aktuelle Forschungsergebnisse im Bereich Faszien und bitte dich aufgrund des Umfangs diesbezüglicher Informationen, selbst zu recherchieren[12].

[12] Vgl. Forschungen von Jean-Claude Guimberteau und Collin Armstrong.

Neinprogramme sind komplexe Informationsstrukturen in einer Kreatur, die das Unbewusstsein zum Schutz der Kompensation innerer Versehrtheiten bildet. Diese Programme melden sich, wenn zum Beispiel hinderliche Glaubenssätze verändert werden sollen. Da sich eine solche Veränderung auf das gesamte System auswirken und zunächst viel Energie benötigen würde, versuchen Neinprogramme, diese Veränderung zu vermeiden. Mit intrasonanter Arbeit (Himmeln) lassen sich solche Programme sanft auflösen. Infolge implementiert das System heilsame Veränderungen umgehend sanft, vollständig und ohne zusätzlichen Energieaufwand.

Nurduselbstsein (gebildet aus „nur du selbst sein") meint einen Teil des Zustands, den eine Kreatur mindestens benötigt, um sehr einfach wieder ganz werden zu können. Auch möglich: Nurmanselbstsein, Nurichselbstsein.

Schöpferwesen ist der Mensch: Ein vom Dahinter der Zeit geschöpftes Wesen, das selbst schöpferisch tätig sein kann und soll. Aufgrund seelischer Versehrtheit ist der Mensch leider auch in der Lage, Unheilsames, Zerstörerisches zu schaffen. Seelisch ganzer werdend verringert sich dieses unheilsame, zerstörerische Tun (logischerweise).

Das **Sein** beschreibt ebenfalls den möglichst ganzen Zustand eines Geschöpfs. In diesem ist bei ihm, was ureigentlich sein ist (vgl. Haben). Dieser Zustand ist wie beim Haben nur möglich in der individuellen Verbundenheit mit dem Dahinter der Zeit und im Bewusstsein, dass diese Verbundenheit jeder Kreatur gleichermaßen zusteht (Geburtsrecht). Ein „Sein", das sich aus sich selbst oder anderen Kreaturen speist, ist stets zu viel oder zu wenig und erhöht darum die Anfälligkeit für Hybris (Überheblichkeit, Vermessenheit) oder deren Gegenteil (zum Beispiel Impostor-Syndrom) und andere, dem friedlichen Miteinander undienliche Sachverhalte.

Seelenanteile ist ein Begriff aus dem schamanischen Kontext. Ich nutze ihn bewusst als gleichwertiges Pendant zu „verlorenes Selbst“ bzw. „Dissoziation“ – auch, um ihn aus künstlich überhöhten, dramatisierenden Sphären in eine für alle handhabbare Sachlichkeit zu transferieren.

Seelenschwanken ist der direkte Zugang zur Intuition, mit dem sich Lebensbejahendes, Lebensförderliches exakt von Lebensverneinendem, Lebenshinderlichem unterscheiden lässt.

Souveränität, energetisch, meint, vollständig selbst über das eigene (!) energetische Gefüge bestimmen zu können, um jederzeit seelische Versehrtheit reduzieren zu können. Physis und Psyche werden immer von außen angreifbar sein. Intrasonanz ermöglicht jedoch, die energetischen Folgen davon gezielt aufheben oder zumindest abmildern zu können. Selbstüberschätzung ist hierbei zu vermeiden: Energetische Souveränität speist sich ausschließlich aus der Quelle des Habens und Seins, des Dahinters der Zeit und ist das Geburtsrecht jeder Kreatur. Energetische Souveränität auf Kosten anderer erlangen zu wollen, ist unmöglich.

Trigger sind Bereiche seelischer Versehrtheit und dortiger Kompensationen, die durch Erlebnisse (unter anderem mit anderen Menschen) angerührt werden und schmerzen oder andere negative Gefühle auslösen. Werden die Ursachen dieser Trigger intrasonant in Frieden gebracht, verschwinden die seelischen Versehrtheiten samt ihrer Kompensation umgehend.

Unbewusstsein statt „Unterbewusstsein“, denn „unter“ suggeriert zu weite Entfernung bzw. unerreichbare oder auch gefährliche Tiefe. Uns sind Sachverhalte jedoch entweder bewusst oder unbewusst.

Unversehrtheit meint einen innerlich und äußerlich möglichst unverletzten Zustand einer Kreatur.

Ureigene Ausrichtung (von lat. *homo erectus in se*, in sich aufgerichteter Mensch) ist der Zustand der Kreatur, in dem sie Lebensbejahendem zustrebt und vor Lebensverneinendem zurückweicht. Dies ist der Grundzustand, den eine Kreatur benötigt, um sehr einfach wieder ganz werden zu können.

Verbundenheit, ewige, ist die der gesamten Schöpfung und damit auch der Kreatur mit dem Dahinter der Zeit. Diese Verbundenheit und das Wissen um den Umgang damit (Nutzung von Intrasonanz) gerät durch das, was die Kreatur auf Erden erlebt und lernt, normalerweise in Vergessenheit.

Verdrehtheit (von lat. *homo incurvatus in se*, in sich verdrehter Mensch) bezeichnet einen Zustand der Kreatur, in dem sie Lebensverneinendem zustrebt und vor Lebensbejahendem zurückweicht.

Versehrtheit meint Schädigungen, die eine Kreatur im Laufe des Lebens innerlich und äußerlich davonträgt.

Kommentierte Literaturhinweise

Cameron, Julia: *The Artist's Way – A Spiritual Path to Higher Creativity*, G. P. Putnam's Sons, New York, 1992. Cameron leitet dazu an, in Eigenregie Ängste, Schuldgefühle und Abhängigkeiten abzulegen, die den individuellen Fluss kreativen Schaffens blockieren. Das Berührende ist, dass Cameron daraus nie eine „Methode" machte, sondern stets auf die selbstverständliche Verbindung des Menschen mit dem Göttlichen verweist.

Döring, Stephan; Hartmann, Hans-Peter; Kernberg, Otto F.: *Narzissmus. Grundlagen – Störungsbilder – Therapie*, J. G. Cotta'sche Buchhandlung, Stuttgart, 2021. Standardwerk zu Narzissmus als klinisches und gesellschaftliches Phänomen. Aktuelle neurobiologische Erkenntnisse sind darin ebenso zu finden wie klinische Aspekte und Informationen zu Empirik, Diagnostik sowie Therapie, all dies dargestellt von über 50 renommierten internationalen Forscherinnen und Therapeutinnen. In diesem Kompendium fand ich neben dem komprimierten Aufriss der Rezeptions- und Wirkungsgeschichte des Mythos von Almut-Barbara Renger das Beispiel eines Patienten, der sich seinem Therapeuten gegenüber als fragmentiert beschreibt, was von diesem nicht verstanden wird. Mit Blick auf die Reißübung empfand ich das als entlarvend hinsichtlich der *black boxes,* die Menschen allgemein, aber auch wissenschaftliche Disziplinen einander sind. Schließlich kennen Anthropologie, Theologie und Philosophie die *Fragmentarität* des Menschen und seines Daseins. Da aus dieser Zer- (nicht: Ge-)störtheit fortwährend das Leid der Welt resultiert bzw. sich reproduziert, scheint es mehr als geboten, die Fragmentarität zu reduzieren, was die Arbeit mit Intrasonanz ermöglicht.

Frick, Eckhard: *Sich heilen lassen. Eine spirituelle und psychoanalytische Reflexion.* Echter Verlag GmbH, Würzburg, 2005.
„Heilung ist ein Geschehen, das wir verfehlen oder zulassen können, auch angesichts ‚unheilbarer' Krankheit", so steht es auf der Rückseite dieses handlichen Bändchens, das die „Macht" derer betrachtet, welche vermeintlich die Gabe der Heilung besitzen, und die spirituelle Tradition heilsamer Wunden. Ich nenne es hier mit Bezug auf die überhöhte Hoffnung mancher Menschen auf unendliche Heilkunst des ärztlichen Gegenübers, ohne selbst etwas tun zu müssen.

Frick, Eckhard; Hilpert, Konrad (Hrsg.): *Spiritual Care von A bis Z*, Walter de Gruyter GmbH, Berlin/Boston, 2021.
Von Abschied bis Zweifel: Kompakte Informationen zu zentralen Begriffen der Spiritual Care (SC), mit Perspektiven verschiedener Berufe, Kulturen und Religionen. SC meint die gemeinsame Sorge der in Gesundheitsberufen Tätigen um die existenziellen, seelischen, religiösen oder sinnbezogenen Ressourcen kranker Menschen. Ich möchte ergänzen: gemeinsame Sorge aller Menschen für diese Ressourcen aller Menschen.

Gruen, Arno: *Der Fremde in uns*, Klett-Cotta, Stuttgart, 2000.
Arno Gruen (1923-2015) legt die Folgen von Zurückweisung in der Kindheit im späteren Leben dar. Inneres Opfersein ist demnach die Quelle eines unbewussten Zustands, in dem das eigene Erleben als fremd zu verleugnen ist. Diesen Teil sucht der Mensch fortan, was ihm und anderen zum Verhängnis werden kann. Gruens gesamte Literatur, darunter *Verratene Liebe – Falsche Götter* und *Der Kampf um die Demokratie* war für das Dechiffrieren dessen, was Intrasonanz ist und ermöglicht, elementar. Ich informierte Gruen in einem Brief sehr früh über meine künstlerische Arbeit und wie eng

diese mit seinen Erkenntnissen verbunden sei. Sein darauf folgender Anruf und seine Bitte an mich, unbedingt weiterzumachen, trug mich durch viele Zweifel.

Hirigoyen, Marie-France: *Die Masken der Niedertracht*, C. H. Beck'sche Verlagsbuchhandlung (Oscar Beck), München, 1999.
Die Autorin zeigt die vielfältigen Erscheinungsformen seelischer Gewalt und ihre mannigfachen Folgen in unserer Gesellschaft auf, vom Arbeitsplatz über die Familie bis hin zur Paarbeziehung. Dazu kommen praktische Hinweise für Privat- und Berufsleben, auch für Unternehmen.

Hontschik, Bernd: *Körper, Seele, Mensch. Versuch über die Kunst des Heilens*, Suhrkamp, Frankfurt am Main, 2006.
Das Plädoyer des Chirurgen Bernd Hontschik über ein Umdenken in der Medizin, da der Mensch mehr ist als eine komplizierte Maschine und die Kunst des Heilens darin besteht, ihn auch so zu behandeln, nämlich als Einheit von Körper und Seele.

Jung, Carl G.: *Die Beziehungen zwischen dem Ich und dem Unbewussten*, DTV, 1990.
Überblick über die wichtigsten Grundbegriffe und Zusammenhänge Jungs Analytischer Psychologie. Im Mittelpunkt steht das Einwirken des Unbewussten auf Reaktion und Verhalten des Menschen. Jungs Arbeit half mir zu verstehen, dass und warum der Mensch ganz einfach selbst heilsam mit seinem (Un)bewusstsein umgehen kann.

Maalouf, Amin: *L'amour de loin*, Èditions Grasset & Fasquelle, 2001.
Ein Libretto über die Sehnsucht nach Ganzheit, das Diktat vermeintlicher Unerfüllbarkeit und die auf die-

ser Basis früh erlernte, letztlich tödliche Angst des Menschen davor, dass diese Sehnsucht zu Lebzeiten erfüllt werden könnte – so interpretiere ich die Geschichte. Kaija Saariaho (1952–2023) vertonte den Text als gleichnamige Oper.

Maaz, Hans-Joachim: *Die narzisstische Gesellschaft*, Verlag C.H. Beck oHG, München, 2012.
Narzissmus als gesellschaftliche Störung, die laut Maaz bei den meisten Bürgerinnen und Bürgern der westlichen Konsumgesellschaften zu beobachten ist und sich vor allem in einem zeigt: der Gier. Die Publikation reiht Beschreibung verschiedenster Aspekte aneinander wie die Perlen einer Kette. Für mich ist das, was Maaz darlegt, auch in anderen Kulturen zu finden.

Pinkola-Estes, Clarissa: *Die Wolfsfrau*, Wilhelm Heyne Verlag GmbH & Co. KG, München, 1993.
Rund zwanzig Mythen, Märchen und Geschichten aus verschiedenen Kulturkreisen der Welt auf hohem Niveau entfaltet. Im Mittelpunkt: die Entwicklungspsychologie von Mann und Frau. Nachdem ich von klein auf Märchen der Welt ebenso verschlungen hatte wie tiefenpsychologische Literatur dazu, war dies ein Buch, das ich sehr langsam über mehrere Jahre las.

Johannes Hans A. Nikel, *Die Mystik der Physik. Annäherung an das ganz andere*. Verlag Ludwig, Kiel, 2010.
Der Autor zeigt Übereinstimmungen zwischen mystischen und naturwissenschaftlichen Erkenntnissen auf, der Zeit entsprechend (meinem Empfinden nach) sehr vorsichtig formuliert, um die Anschlussfähigkeit in Richtung Wissenschaft zu halten. Mein Mann schenkte mir das Buch, nachdem wir den Verleger, Philosophen und Künstler Hans Nikel kennengelernt hatten. Anlass war ein Besuch im Marionettentheater seiner Frau Edith gewesen. In der Vorsicht, sehr unterschiedliche

„Felder“ miteinander zu verbinden, waren Nikels Buch und sein Lebenslauf rückblickend eine frühe, nachhaltige Inspirationsquelle für die Idee einer Bibliothek der Intrasonanz.

Peters, Christian Helge/Schulz, Peter (Hg.): *Resonanzen und Dissonanzen.* Hartmut Rosas kritische Theorie in der Diskussion. transcript, Bielefeld, 2017.
Der Sammelband bietet Einführung und Diskussion des Resonanzbegriffs und eine kritische Analyse aktueller sozialwissenschaftlicher Schlüsselbegriffe. In einem Reply reagiert Hartmut Rosa auf die Diskussion. Das Buch zeigt in meinen Augen das komplexe wissenschaftliche Ringen um den Sachverhalt, dass Menschen mit allem, was sie umgibt, in Resonanz gehen, und dass das etwas in und zwischen ihnen auslöst.

Renger, Almut-Barbara: *Mythos Narziss*, Reclam, Leipzig; 1999, sowie *Narcissus. Ein Mythos von der Antike bis zum Cyberspace*, Springer-Verlag Berlin Heidelberg 2002.
Beide Publikationen seien hier genannt als ergänzende Literatur mit wichtigen Quellen, für am Thema Interessierte. Siehe auch *Narzissmus. Grundlagen – Störungsbilder – Therapie* (Seite 159).

Rytcheu, Juri: *Der letzte Schamane*, Unionsverlag, Zürich, 2004.
Das Volk der Tschuktschen in Ostsibierien kannte die hohe Kunst, im Einklang mit den Naturkräften der Arktis zu leben, bis eine fremde Zivilisation technische und weitere Errungenschaften einführte. Rytcheu beschreibt den Versuch des letzten Schamanen der Tschuktschen, das alte und neue Wissen zu vereinen, damit sein Volk überleben kann.

Schaef, Anne Wilson: *Escape from Intimacy*, Harper & Row, San Francisco, 1989.
Auf Deutsch erschienen unter dem Titel
Die Flucht vor der Nähe. Warum Liebe, die süchtig macht, keine Liebe ist. Schaef skizziert, was es braucht, um bei sich bleiben zu können und doch gemeinsam mit jemand anderem den Lebensweg gehen zu können: sich selbst nahe sein. Im Sinne der Intrasonanz bedeutet das: so ganz wie möglich sein.

Streck-Plath, Ulrike: *Apocaluther. Auf in den Frieden*, Strube Verlag, München, 2016.
Wiederkehr Martin Luthers ins 21. Jahrhundert. Der Reformator möchte zusammen mit Kindern und über die modernen Medien seine fünf Thesen zur Heilkraft bedingungsloser Liebe verbreiten, die er zu Lebzeiten „vergessen“ hat. Das gelingt, bringt ihn jedoch erneut in Konflikt mit den Herrschenden.

Weniger, Gerd-Christian: *Projekt Menschwerdung*, Spektrum Akademischer Verlag GmbH, Heidelberg/Berlin, 2001.
Das Buch erörtert, welches biologische Erbe der Mensch in sich trägt, ob er es überwinden kann und ob die biologische Evolution durch die kulturelle abgelöst wurde. Der Blick in die Entwicklungsgeschichte des Menschen zeigt auf, wie bestimmte soziale Grundmuster dazu beitragen können, die Herausforderungen des dritten Jahrtausends zu bewältigen. Im letzten Absatz des Buches heißt es: „Die Chance zur Lösung der komplexen Probleme steigt, wenn wir den Menschen als ein Projekt begreifen, an dem er selbst mitarbeiten muss.“ Das gilt noch mehr mit Blick auf Digitalisierung bzw. Künstliche Intelligenz. Die Arbeit mit Intrasonanz eröffnet ganz besondere, vor allem natürliche, analoge Möglichkeiten.

Hinweise für die Nutzung

In Anlehnung an den bekannten Begriff Resonanz entwickelte ich im Mai 2020 den Begriff Intrasonanz. Dieser drückt am besten aus, um was es geht und in welchen definitorischen Bereich dieses Phänomen gehört.

Während der Entstehung meines Beitrags für die Handreichung für Einrichtungen des Gesundheits- und Sozialwesens, herausgegeben von der Professur für Spiritual Care und Psychosomatische Gesundheit (Klinikum rechts der Isar der TU München), Prof. Dr. Eckhard Frick, im Rahmen des Projekts MUTASPIR (mutaspir.net), entwickelte ich im Dezember 2022 den Begriff Creative Spiritual Care (CSC) für die Nutzung von Intrasonanz, in Anlehnung an die generische Bezeichnung Spiritual Care.

Intrasonanz ist eine natürliche *Open Source*, die jeder Kreatur über einen eigenen vertikalen Kanal vom Dahinter der Zeit und zu 100 Prozent geburtsrechtlich zur Verfügung steht. Die Nutzung dieser Quelle lässt sich weder limitieren noch lizenzieren. Auch kann niemand gezwungen und niemandem kann verboten werden, Intrasonanz zu nutzen. Die Nutzung von Intrasonanz, insbesondere für andere, setzt jedoch umfassendes Verständnis und Demut für das voraus, was da passiert, sowie höchste Achtung und Achtsamkeit gegenüber jeglicher Kreatur und ihrer Geschichte. Ein zwischenmenschlich in Abhängigkeit bringender oder haltender Einsatz von Intrasonanz in therapeutischem oder sonstigem Kontext widerspricht fundamental ihrem Wesen und ist zu vermeiden.

Energetische Herangehensweisen haben Nebenwirkungen. Das in diesem Buch Dargelegte, explizit auch die damit verbundene Sprache, wurde über lange Jahre erprobt. Sie hat sich als für jedes Un(ter)bewusstsein tauglich und gut verträglich erwiesen. Bei anderen energetischen Herangehensweisen auftretende Nebenwirkungen wie Kopfschmerzen oder Müdigkeit sind der Verfasserin bei der Arbeit mit Intrasonanz nicht bekannt.

Hinweise für die Nutzung

Wer mit Creative Spiritual Care resp. Intrasonanz arbeiten möchte, sich dies jedoch (noch) nicht allein zutraut oder mehr über weitere Einsatzmöglichkeiten erfahren will: kunstitut.de

Über die Autorin

Ulrike Streck-Plath
1965 geboren in Uetersen/Schleswig-Holstein
seit Kindheit Stückeschreiberin für Bühne und Gesellschaft
1990 Diplom Kommunikations-Design am IN.D Institute of Design Hamburg
1990–97 Führungskraft in Werbeagenturen in Hamburg und München
1994 Heirat mit dem Theologen Dr. Martin Streck
seit 1997 freiberufliche Texterin/Konzeptionerin
fünf Kinder, geboren 1998, 2000, 2002, 2003, 2006
2004 Chorleiterausbildung
2005 Gründung Kinderchor Dörnigheim
(und 2021 Kinderchor Hochstadt), Leitung pro bono
seit 2007 bildende Künstlerin und Komponistin
2009 Beginn der Entwicklung einer Herangehensweise zur Nutzung von Intrasonanz
seit 2014 Fortbildungen, u. a. Kinesiologie, Niemann Heilpunkte, Singen mit traumatisierten Kindern, Aufstellungsarbeit, Schamanismus
seit 2017 Mentorin für Intrasonanz, unter Beibehaltung der Tätigkeitsbereiche Text, Kunst, Musik und Literatur
2022 Beginn einer Kooperation mit der Internationalen Gesellschaft für Gesundheit und Spiritualität e. V. (IGGS) und der Professur für Spiritual Care und psychosomatische Gesundheit (Klinikum rechts der Isar der TU München), Prof. Dr. Eckhard Frick, für eine Handreichung im Rahmen des Projekts MUTASPIR

Dank

„Wahrscheinlich musst du erst mal vier, fünf Bücher zu der Thematik geschrieben haben, bis die Leute verstehen, was das eigentlich ist“, sagte Mutter im Sommer 2022, kurz nach Veröffentlichung des ersten Bandes der Bibliothek der Intrasonanz. Dies ist nun (erst) der dritte Band und ich danke dir sehr, liebe Mutter, für diesen Satz und deine Unterstützung.

Das erste Buch brachte mich in Kontakt mit Prof. Dr. Eckhard Frick. Vielen Dank für dein Verstehen und Vertrauen, dein Fordern und Fördern.

Prof. Dr. Almut-Barbara Renger danke ich dafür, einen Aufsatz zur Rezeptionsgeschichte des Narziss-Mythos als Basis für das erste Kapitel nutzen zu dürfen. So konnte ich meine Aufzeichnungen abgleichen und sicher sein, an alles Relevante gedacht zu haben.

Von Herzen danke ich den Menschen, die meine Arbeit in den unterschiedlichen Tätigkeitsbereichen begleiten und somit auch bewusst oder unbewusst zum Entstehen der vorliegenden Publikation beigetragen haben. Darüber hinaus danke ich allen, die dieses Buch – wie bereits das erste – mit Blickwinkel aus ihren jeweiligen Professionen kritisch gegengelesen haben, stellvertretend nenne ich Dr. Ulrike Ley.

Marzena Seidel danke ich erneut für die zeitlosen Fotografien der gerissenen Papierfiguren, Sonja Langbein für ihr Verständnis, ihre Flexibilität und das wunderbare Layout. Korrektur gelesen hat Klaus Becker – vielen Dank, dass du die Anfrage angenommen hast.

Annett Loos danke ich für die Unterstützung, diese Buchreihe – und anderes Seelenfutter – auf besonderem Weg in die Welt zu bringen.

Danke, liebe Susanne Burmehl, für deine unprätentiöse Unterstützung dessen, was ich da angefangen habe. Danke, liebe Jana Lother, für deine unermüdliche Ermutigung seit 27 Jahren. Liebe Christiane, liebe Karin, liebe Stephanie, lieber Tilman, habt Dank für eure treue Freundschaft und eure Resonanz. Meinem Mann und unseren Kindern danke ich für ihre Geduld.

Ulrike Streck-Plath

Register

Abgrund, Abgründe 9, 35, 42, 50, 62, 129
Abhängigkeit 165
Abspaltung(en) 74, 76f.
Achtsamkeit, achtsam 43, 131, 136
Affirmation(en) 117, **148**
analysieren 125
Angst, ängstlich 20, 28, 43, 70, 94, 109, 125f.
Antennenpotenzial 26, 29, 125
Arbeit 40, 43
Aufmerksamkeit 39
Ausrichtung, ureigene 83ff., 93, 101, 105, 121, 133, **158**
Balance 12, 60, 79f., 87
Bejahung 88, 90f., 93f., 103f., 106ff., 133,
Belastung, Belastendes 44, 52, 80, 97, 113
Bewusstsein 26, 28ff., 38, 69, 72f., 79ff., 93, 97f., 116, 120, 136, 149, 151ff.
Beziehung(en) 15, 40, 43
-sgeflechte 50
Bibel 145
Bilder (innere) 13, 39, 56, 75f., 95, 106, 111, 113, 125
Blockierendes 106
Böse, das 19, 32, 35f., 129
Coronapandemie 50
Creative Spiritual Care **149** et al.
Dahinter der Zeit **149** et al.
Demut 136
depressed 37
Dissoziation 150, 154
Ego **150**
Egoismus 51
Eltern 60, 97f., 128
emotional, Emotion 19, 36, 143
energetisch 32, 34, 36, 41, 71, 77, 81, 100, 115, 121f., 125, 132, 151, 157
Energie **150ff.** et al.
Energy Detox 96, **151**
Engagement 40
Entgiftung, energetisch 96,151
Entscheidung 119
Entwurzelung, Entwurzelt-sein 30
Erde 25, 28, 30, 53, 64, 71, 118, 135
Erfahrung 50, 56, 103, 107, 113, 122, 133
Erschütterung(en) 31, 73, 77, 84, 103, 110
erschüttert 34
Erste-Hilfe-Prinzip 120
Familie 32ff., 60, 128
Fragen, fragen 93, 100, 103-122, 133
Freigeben, freigeben 64, 74, 93, 106, 119, **151**
Frieden 49, 72f., 77, 79f., 94-98, 154ff.
Freud, Sigmund 18
Ganzheit 23, 27, 98, 116, 132f., 153
Ganzwerden 53, 58, 74, 127, 132f., 139, **151**
Gebende 53 et al.
Geborgenheit 32, 58, 142f.
Gebot 106,112

Geburtsrecht 23, 40, 66, 71, 73f., 82ff., 136, 147, **151**
geerdet 25, 88f.
Gefühl 24, 29f., 38f., 53, 71, 79, 87, 100ff., 116, 135,
Gegenüber, das 37, 42, 51, 58, 74, 77, 97, 99, 121f., 125, 127,
Geld 40, 153
Geliebtheit 35, 39, 70, 73f., 77, 98
Generation(en) 31, 33, 60, 107, 133
Gesellschaft, gesellschaftlich 16, 18f., 33, 44, 62f., 128, 139
Getrenntheit **151**
Gewalt 32, 57, 136
Gewissen 26, 148
Glaubenssatz, -sätze 33, 56, 103, 106ff., 112, 134, 148, **152**
Glück, glücklich 43, 83, 94, 136
Gott, Götter 16f., 23f., 29, 76, 149
grandios 42, 50ff., 66, 135
Haben **152** et al.
Haltung 27, 88, 155
Heilsames, -keit, heilsam 12f., 58, 64, 72, 79ff., 91ff., 145, 147, **152**, 156
Heldentum 16, 40
Hierarchien 26
Hilflosigkeit 116
Himmel 30, 73, 118
himmeln 96, 108, 116, 119, 152, **153**, 156
Hybris 152, 156
Impuls, Schwank- 85ff., 102, 104
In-Energie 25, 38, 40f., 69f., 118, 121, 127, 136, **153**
Information 38, 43, 96, 106, 116, 120, 153, 155
Infriedenbringen 88, 135, **154**
Intrasonanz **154**
Intuition 93, 106, 120, 127, 152, 157
Jetzt, das 75, 80, **155**
Kind, -heit, kindlich 33, 60, 71, 97, 120, 128
Körper 23, 85-89, 138
-coaching 72
-strukturen 32
-übung 125
Kommunikation 125
Kompass 87
Kompensation, kompensieren 38f., 81, 156f.
Kontinuum 75, 96, 154
kontinuierlich 74, 77, 82, 148, 151, 155
Konon 19
Kosmos 12, 30
Kraft(größe), liebende 24f., 36
Kreatur 11, 13, 24-31, 70-74, 88, 98, 114, 136, 144, 148ff., **155**
Krebs 119
Krieg 32, 86, 98
Krone(nreich), (-bereich) 26ff., 79, 84, 89, **155**
Künstliche Intelligenz 138
Kummer 11, 21, 57, 79, 116
Kunst, Künstler 12f., 18, 114, 149,
Leben 86f., 127ff., 135, 143, 148
Lebensenergie **155**
-kunst 71, 145
-qualität 116
Leere 11, 20ff., 34f.
Leichtigkeit 89, 105

Leid 12, 16f., 21, 35, 44, 50, 53, 67, 79, 86, 142, 150
(er)leiden 31f., 52, 83
Leuchtturm 91, 101, 110
Licht, licht werden 11, 21, 109, 129, **155**
Liebe 12, 15, 16ff., 26, 29, 31, 35, 38-43, 52f., 56f., 66, 69, 108, 114, 122, 125, 132, 138
bedingungslose **148** et al.
Love-Bombing 62
Macht, Mächtige 11, 40, 62, 132, 146, 153
Meditation 43, 52
Medizin 145
Menschenwürde 64
Menschheitsgeschichte 142
Menschenkind 11, 35, 39, 76, 103
Miteinander 12, 15f., 42, 51, 60, 98, 113, 127ff.
Muster 96, 106ff., 110, 112, 164
Mystik 73
Mythos, Mythen 12, 15ff., 59, 135
Nächstenliebe 24, 26, 62, 74
Nähe 35, 57f.
Narzissmus 19, 22, 49ff.
Narzisst, narzisstisch 20, 50ff., 60, 128
Natur, natürlich 12, 21, 24f., 29, 36, 39, 73
Nehmende 53 et al.
Neinprogramme 96, 117, **156**
neurobiologisch 159
Nurduselbstsein 90ff., 101ff., 118, **156**
Ohnmacht, ohnmächtig 21, 62
Osteopathie 72
Ovid 16-18
Partner, -schaft(en) 58, 122, 127
Pausanias 16
Persönlichkeitsstörung 18
Phantom 58
Physis 157
Potenzial, -entfaltung 100-104, 133, 148
Proteinketten 116
Psychoanalyse 18, 144
Psychokinesiologie 118, 145
Psychologie 19, 31, 144
Positive 50
Quelle 16, 19, 21, 40, 54, 100, 148f.
Raum, Räume 26, 91, 100-115, 122, 129, 133
Resonanz 69, 143, 154
Ritual 105f., 118
Schmerz, schmerzend 11, 19, 27, 30, 37ff., 42, 51f., 56, 116, 120, 128, 134
Schöpferwesen 13, 114, 129, **156**
Schutz, schützen, -reaktion, Selbst- 19, 35f., 52, 75, 95, 109
Schwangerschaft 32
Seele, seelisch 11, 17, 138
Seelenanteile 33, 76f., 132, 150, **157**
Seelenhaus 101
Seelenschwanken 88f., 93f., 100-121, 133, **157**
Segen 73, 71, 97ff., 120, 125
Sehnsucht 11, 21, 35, 49
Sein **156** et al.
Selbst, das 12, 32f., 42f., 44, 48, 70f., 76, 83, 96, 134f., 138, 150ff.
dissoziiertes, abgespaltenes

33, 44
fremdes 43
Kompensation von 38
-liebe 51, 66, 87
-reflexion 18
-schutz 52
-sicherheit 18
-überschätzung 157
ureigenes 49 et al.
-verliebtheit, selbstverliebt 15, 50
-versicherung 88
Verlust von, verlieren 36, 38ff., 70f., 84, 100, 109, 142
zurückholen 71, 83, 91, 96, 100, 134f.
Sexualwissenschaft 18
Social Media 19
Souveränität, energetische 71, 121, 157
Spiegel, Spiegelbild 16, 37, 115, 143, 16f., 21, 30, 37
Spiritual Care 149
Spiritualität 30, 129, 144, 149
Sprache 116, 136
Stimmen 43, 51
Strategien 38-44, 71
Stress(situationen) 103f., 115
Substanzen 40, 43, 115, 153
System(e) 43, 49, 55, 62
energetisch/schwingfähig 32, 38, 69f., 80, 87f., 91, 103, 110, 113ff., 154
Tabufragen 119
Theodizee 144
Theologie 145, 147, 149
Tiefe/-n 43, 83, 109f.
Tod 16, 19, 36
toxisch 15, 51
Trauma(tisierung), Traumata 31f., 71, 87, 106ff., 112-116, 134
Trigger 115, 134, **157**
Unbewusstsein 79, 93, 96, 101f., 107, 109, 152, **157**
Unfälle 34
Unfrieden 32, 98
Untiefe(n) 11, 21, 37f., 41, 58, 60, 64, 109, 125, 129
Unversehrtheit 35, 116, **158**
Unwillkommensein 32
Ureigene(s) 38, 43, 49, 66, 70ff., 101, 150, 153
Ausrichtung 83-89, 91, 103, 105, **158**
Ursachen 114, 134, 157
Verbindung 18, 23, 25-31, 55, 79, 81, 88f., 93, 106, 110f., 121, 126, 132, 136, 149
Verbot 111
Verbundenheit 28f., 93, 150ff., **158**
Verdrehtheit, verdreht 83-87, **158**
Versehrtheit 83, 88, 123, 125, 142, **158**
Vertikale, vertikal 40, 68, 70, 73, 79f., 82, 97, 119, 121, 136
Vertrauen 100ff., 136
vulnerabel 51, 53
Waagerechte, waagerecht 23, 28, 40, 98, 138, 155
Wahrnehmung 67, 100ff., 127
Yoga 72

Von wegen Depression, Sucht & Co.
Ganzwerden mit Intrasonanz
Ein Vademecum für die Seele
Bibliothek der Intrasonanz,
Band 1, 144 Seiten, 24 Abbildungen,
3 Zeichnungen
ISBN 978-3-9824437-9-9
€ 15,00 (D)

„Grundwerk, das in jeder Klinik, jeder psychologischen Praxis zu liegen hat. Grundlagenmaterial für Ausbildungen, insbesondere für die Schulung psychologischer und sozialer Kompetenz. Im Grunde beschreibt es eine Revolution und liefert Klarheit im Realitätsbezug, der immer mehr verloren zu gehen scheint."
Jana Lother, Sportwissenschaftlerin und -psychologin, Berlin

Das Licht füttern
100 schwarzweiße Inspirationen für Tag und Nacht
Bibliothek der Intrasonanz,
Band 2
152 Seiten, 100 Zeichnungen
ISBN 978-3-9824437-4-4
€ 17,00 (D)

„Der Clou des Ansatzes von Ulrike Streck-Plath ist, wie im ersten Band entwickelt, der Antennenbereich des menschlichen Wesens. Allein nur die wechselseitige Vernetzung des Kreatürlichen und Natürlichen wäre unzureichend. Sie bewegt sich also aus der Ebene heraus in den Raum und in den Himmel, der aber sich auf Erden einrichten lässt."
Heinz Markert, Weltexpresso

Handreichung
Gemeinsame Sorge um existenzielle und spirituelle Ressourcen in Einrichtungen des Gesundheits- und Sozialwesens, mit drei Creative Spiritual Care Übungen
24 Seiten, 9 Zeichnungen

Herausgeber:
Hochschule für Philosophie München und Professur für Spiritual Care und psychosomatische Gesundheit (Klinikum rechts der Isar der TU München)

Kostenloser Download unter *mutaspir.net*